FEMALE CHAUVINIST PIGS

# Ariel Levy
# Female Chauvinist Pigs

## De opkomst van de bimbocultuur

J.M. MEULENHOFF

Voor de twee R.L.'s

Eerste druk april 2007, tweede druk mei 2007

Oorspronkelijke titel *Female Chauvinist Pigs.*
*Women and the Rise of the Raunch Culture*
Copyright © 2005 Ariel Levy
Copyright Nederlandse vertaling © 2007 Esther Ottens en
J.M. Meulenhoff bv, Amsterdam
Vormgeving omslag Karolina Harris/Roald Triebels
Vormgeving binnenwerk Steven Boland
Foto achterzijde omslag David Klagsburn

www.meulenhoff.nl
ISBN 978 90 290 7916 7 / NUR 747, 757

*Gisteren werd een vrouw bekritiseerd omdat ze bepaalde dingen deed, vandaag wordt ze uitgelachen als ze die dingen niet doet.*

**Edith Wharton, 1915**

*Een gevoelige kwestie te benoemen, de contouren ervan te schetsen en de geschiedenis ervan uit de doeken te doen – dat vraagt om een diep mededogen, getemperd door afkeer.*

**Susan Sontag, 1964**

# Inhoud

# Inleiding

Een paar jaar geleden viel het me voor het eerst op. Ik zette de televisie aan en hoorde lapdancers met tepellapjes voor uitleggen hoe je een man het beste tot een orgasme bracht. Ik zapte naar een andere zender en zag *babes* in minuscule strakke pakjes trampoline springen. Britney Spears werd steeds populairder en had steeds minder kleren aan, en uiteindelijk werd haar kronkelende lijf me zo vertrouwd dat ik het gevoel kreeg dat we een intieme relatie hadden gehad.

*Charlie's Angels*, de film gebaseerd op de allereerste lekkere-wijvenserie, bracht in 2000 in de Verenigde Staten honderdvijfentwintig miljoen dollar in het laatje en blies de belangstelling voor de langbenige misdaadbestrijding nieuw leven in. De sterren, die het voortdurend over 'sterke vrouwen' en 'emancipatie' hadden, gingen gekleed als typische softporno-actrices in de rol van massagedame, strenge meesteres, jodelende Heidi in dirndljurk. (Het vervolg uit 2003, waarin de gevaarlijke missie van de Angels stripteases noodzakelijk maakte, leverde in Amerika nog eens honderd miljoen dollar op.) In mijn eigen bedrijfstak, de tijdschriftenbranche, verscheen het zogenaamde Lad Mag in de schappen, een nieuw, licht pornografisch genre met titels als *Maxim,* FHM en *Stuff.* Het werd een enorm succes met iets wat *Playboy* slechts sporadisch wist te bieden: geoliede beroemdheden die in piepkleine stukjes stof verleidelijk lagen te wezen.

Dit hield niet op als ik de radio of de televisie uitzette of de tijdschriften dichtsloeg. Op straat zag ik tieners en jonge vrouwen, en een enkele gedurfde vijftiger, in spijkerbroeken die zo laag hingen dat ze lieten zien wat bekend zou worden als het bildecolleté, gecombineerd met minitruitjes waarin zowel borstimplantaten als navelpiercings goed uitkwamen. Soms was zo'n truitje, alsof de boodschap van de outfit als geheel nog te subtiel was, verfraaid met de Playboy-bunny of de woorden *Porn Star.*

Ook in mijn kringen gebeurden er vreemde dingen. Mensen die ik kende (vrouwen) gingen opeens naar naaktdansers (vrouwen). Dat was leuk en sexy, legden ze uit; het was bevrijdend en rebels. Mijn beste vriendin uit mijn studententijd, die vroeger meedeed aan demonstraties voor het recht van vrouwen om 's avonds ongestoord over straat te lopen, raakte in de ban van pornosterren. Ze wees ze aan in muziekclips en keek naar hun (topless) interviews in de *Howard Stern Show.* Zelf ging ik niet naar stripclubs, en ik kocht ook geen *Hustler*-shirts, maar toch vertoonde ook ik tekenen van besmetting. Nog maar een paar jaar eerder was ik afgestudeerd aan Wesleyan University, waar je bijna werd geschorst als je 'meisje' zei in plaats van 'vrouw', maar in de tussentijd was ik toch maar mooi op *chick* overgegaan. En zoals de meeste chicks die ik kende, droeg ik inmiddels strings.

Wat was er aan de hand? Mijn moeder, een shiatsu-masseuse die al vierentwintig jaar wekelijks naar vrouwengroepen ging, bezat geen make-up. Mijn vader, die ze in de jaren zestig als linkse student had leren kennen, was consulent bij Planned Parenthood, NOW (National Organisation for Women) en de pro-choice beweging NARAL (National Association for the Repeal of Abortion Laws). Nog maar dertig jaar geleden (toen ik geboren werd) verbrandden onze moeders hun beha's en demonstreerden ze tegen Playboy, en opeens lieten wij onze borsten vergroten en droegen we het Playboy-logo als symbool van onze zogenaamde bevrijding. Hoe had er in zo korte tijd zo'n cultuurverandering plaats kunnen vinden?

Wat bijna nog verrassender was dan die verandering zelf, waren de reacties die ik kreeg toen ik de mannen en – vaak – vrouwen begon te interviewen die tijdschriften als *Maxim* en programma's als *The Man Show* en *Girls Gone Wild* maakten. De nieuwe bimbocultuur markeerde niet het einde van het feminisme, beweerden ze; deze trend bewees juist dat het feministische project voltooid was. We hadden het recht *veroverd* om *Playboy* te lezen; we waren *geëmancipeerd* genoeg om onze bikinilijn te harsen. Vrouwen waren zo ver gekomen, ontdekte ik, dat we ons geen zorgen meer hoefden te maken over seksisme of vrouwenhaat. Nee, het werd tijd dat we ons in het feestgedruis van de populaire cultuur stortten, waar mannen zich tenslotte altijd al kostelijk hadden geamuseerd. Als *male chauvinist pigs* mannen waren die vrouwen als stukken vlees zagen, dan zouden wij ze eens een lesje leren: wij werden *female chauvinist pigs*, vrouwen die andere vrouwen en onszelf tot lustobject maakten.

Wanneer ik vrouwelijke kijkers en lezers vroeg wat de bimbocultuur hun te bieden had, kreeg ik steevast antwoorden over bevrijdende minirokken en feministische naaktdanseressen enzovoort, maar ik hoorde ook iets anders. Ze wilden bij de mannen horen, ze hoopten gezien te worden 'als mannen'. Door naar stripclubs te gaan of over pornosterren te praten overtuigden ze zichzelf en de mannen in hun omgeving ervan dat ze geen 'tuttige vrouwtjes' waren, geen 'meisjesmeisjes'. En trouwens, zeiden ze, het was alleen maar voor de lol, zo serieus was het niet bedoeld. Ik moest dit bacchanaal vooral niet problematiseren, want dat was ernstig ouderwets en helemaal niet cool.

Ik deed mijn best om geen spelbreker te zijn, maar ik kon er voor mezelf maar geen kloppend verhaal van maken. Hoezo is het *goed* voor vrouwen om al die stereotypen van de vrouwelijke seksualiteit die het feminisme zo graag wilde uitbannen weer van stal te halen? Wat is er geëmancipeerd aan om uit alle macht op Pamela Anderson te willen lijken? En op welke manier is het seksueel bevrijdend om je te gedragen als een naaktdanseres of een pornoster – vrouwen wier *werk* het nota bene is om te doen alsof?

Ondanks de toenemende macht van het evangelische christendom en het conservatisme in de Verenigde Staten, is deze cultuur sinds ik me ervan bewust werd alleen maar extremer en opdringeriger geworden. De opzichtige, dellerige, karikaturale versie van de vrouwelijke seksualiteit is zo alomtegenwoordig dat we er niet eens meer van opkijken. Wat we vroeger zagen als *een* vorm van seksualiteit, beschouwen we nu als *de* vrouwelijke seksualiteit. Zoals voormalig pornoster Traci Lords, een paar dagen voor haar autobiografie in 2003 de bestsellerlijsten bestormde, tegen een verslaggever zei: 'Toen ik in de pornobusiness zat, was het nog iets voor gore achterafbioscoopjes. Nu zie je het overal.'[1] Dames die met hun lichaam te koop lopen zijn van duistere steegjes verhuisd naar de schijnwerpers, waar iedereen – mannen én vrouwen – hen in het volle licht kan bewonderen. *Playboy* en alles wat erop lijkt worden 'in een postfeministisch tijdperk door jonge vrouwen omarmd', in de woorden van Playboy-eigenaar Hugh Hefner.[2]

Maar dat we 'post' zijn, betekent niet automatisch dat we ook feministisch zijn. Alom wordt aangenomen dat mijn generatie vrouwen, die het geluk heeft in een wereld te leven die door de vrouwenbeweging is aangeraakt, bij alles wat ze doet vanzelfsprekend geleid wordt door de verworvenheden van het feminisme. Maar zo werkt het niet. 'Hoerig' en 'geëmancipeerd' zijn niet synoniem. We moeten ons afvragen of deze obscene wereld van borsten, billen en benen eigenlijk wel laat zien hoe ver we gekomen zijn, of alleen maar hoe ver we nog te gaan hebben.

Een

# Bimbocultuur

Op een zoele vrijdagavond in maart 2004 zat een camera-ploeg van *Girls Gone Wild* op de veranda van het Chester-field Hotel aan Collins Avenue in Miami klaar om te gaan filmen. Een suv reed langs en twee blonde meiden floepten als prairiehonden uit het schuifdak omhoog, opgewonden joelend in het donker. Iedereen die wel eens slapeloos voor de tv zit, kent de 'losgeslagen meiden': 's avonds laat laten infomercials gekuiste flitsen zien van de enorm populaire dvd-serie, die uit niets anders bestaat dan filmpjes van jonge vrouwen die hun borsten, hun billen en soms hun ge-slachtsdelen aan de camera laten zien, en daarbij meestal aan één stuk door opgewonden gillen. De dvd's hebben telkens een ander 'thema', van *Girls Gone Wild on Cam-pus* tot *Girls Gone Wild Doggy Style* (met als presentator rapper Snoop Doggy Dog), maar de ijzersterke formule is telkens dezelfde: ga met de camera naar vakantieoorden, studentenfeesten, discotheken – plaatsen waar jonge mensen zich lam zuipen – en deel T-shirts en petjes uit aan meisjes die zichzelf laten zien of jongens die hun vriendinnen uit de kleren weten te praten.

'Het is een cultureel fenomeen,' zei Bill Horn, directeur Communicatie en Marketing van Girls Gone Wild, een jongen van tweeëndertig jaar met warrig haar en hippe Puma's. 'Het is zoiets als een initiatierite.'

Een stel diepbruine meiden in ultrakorte flodderrokjes stonden tegenover het Chesterfield te kletsen. 'Dames, zwaaien!' schreeuwde een man die langsreed. Giechelend deden ze wat hij zei.

Horn zei: 'Het is gewoon de volgende stap.'

Girls Gone Wild (GGW) is zo populair dat het bedrijf behalve ondeugende dvd's nu ook een kledinglijn op de markt brengt, een compilatie-cd met door GGW goedgekeurde danshits uitbrengt en een restaurantketen begint. GGW heeft beroemde fans: Justin Timberlake staat op de foto met een GGW-pet op, Brad Pitt gaf zijn collega's op de set van de film *Troy* bij het afscheid GGW-dvd's cadeau. En de kreet 'Girls Gone Wild' maakt inmiddels deel uit van het Amerikaanse idioom... hij doet het bijvoorbeeld prima in advertenties (Cars Gone Wild!) en tijdschriftenkoppen (Curls Gone Wild!).

Puck, een verrassend beschaafde cameraman van vierentwintig jaar, stond apparatuur in hun busje te laden. Hij droeg een pet en een T-shirt van GGW, waar vrouwen op af leken te komen als vliegen op de stroop. Twee oogverblindende jonge vrouwen, die al zo goed als naakt waren, vroegen Puck of ze met hem mee mochten; dan zouden ze na afloop al hun kleren uittrekken en het met elkaar doen, misschien wel onder de douche. Er was geen plaats voor ze in de auto, maar Puck zat er niet mee, want er zouden nog zat van zulke aanbiedingen volgen. 'Het is onvoorstelbaar,' zei Mia Leist, een ongekunstelde, goedlachse vrouw van vierentwintig jaar, tourmanager bij GGW. 'Mensen gaan uit de kleren voor ons merk.' Ze wees naar een jonge vrouw die aan de andere kant van de veranda zat. 'Debbie heeft zich uitgekleed voor een pet.'

Behalve haar nieuwe GGW-pet droeg de negentienjarige Debbie Cope een ring met het Playboy-logo, witte schoentjes met naaldhakken en lange veters die in een keurige X om haar onthaarde kuiten geknoopt zaten en een piepklein broekje dat de bovenkant van haar billen vrolijk vrijliet. Bodyglitter glinsterde op haar bruine schouders en vormde een sprankelende fontein van haar decolleté tot aan haar sleutelbeen. 'Het lichaam is zo iets moois,' zei ze. 'Als een vrouw een mooi lichaam heeft en van haar lichaam houdt, moet ze het ook laten zien! Je straalt vertrouwen uit als je weinig kleren draagt.' Cope was een tenger meisje dat zo voor vijftien kon doorgaan. De avond ervoor had ze een 'scène' voor GGW gespeeld, wat wil zeggen dat ze achter in een café haar broekje had uitgetrokken en voor de camera had gemasturbeerd. Ze vertelde dat ze zich rot voelde omdat ze het 'niet goed had gedaan'. Om een of andere reden was het haar namelijk niet gelukt om tot een orgasme te komen.

'Mensen die de filmpjes zien denken altijd dat de meiden die erin zitten echte sletten zijn, maar ik ben nog maagd!' zei Cope trots. 'En ja, *Girls Gone Wild* is bedoeld om jongens op te geilen, maar de vrouwen zijn mooi en het is... gewoon leuk! Ik zou niet weten waarom je dit niet zou doen, tenzij je van plan bent later de politiek in te gaan.' Op de radio in het hotel begon een nummer dat Cope mooi vond en ze begon te dansen zoals je de vrouwen in clips van rappers ook vaak ziet dansen: ze schudde zo hard met haar billen dat het wazig werd voor je ogen.

'Vibreren, noemt ze dat,' vertelde Sam, een andere cameraman. 'Dat zei ze tegen me: "Ik kan vibreren."'

'Gekke Debbie,' zei Mia Leist. 'Ik ben dol op dat kind. Ze regelt zoveel meiden voor ons.'

De hele ploeg stapte in de auto en volgde Gekke Debbie naar een discotheek in het verderop gelegen Coconut Grove, waar ze iedereen kende. 'Met die meiden kun je echt lachen,' beloofde Cope.

Het was een enorme tent met verschillende verdiepingen, waar de muziek onafgebroken in één bonkend ritme door de zaal dreunde. Bill Horn nam de omgeving in zich op en liet zijn oog vallen op een groepje blonde meiden in truitjes met subtiele touwtjessluitingen. 'Die meiden zouden eens lekker uit hun dak moeten gaan,' zei hij. 'Jezus, moet je mij horen... ik word nog eens hetero van deze baan.' Horn, die een korte academische carrière achter de rug had toen hij zich bij GGW aansloot, had het voortdurend over zijn vriendje en was de tweede man van GGW.

Puck en Sam, de cameramannen, kwamen aan met drie jonge vrouwen die aangeboden hadden op het balkon een triootje te doen.

'Daar gaat ie dan,' zei Horn. En met een lachje voegde hij eraan toe: 'Er is altijd iets in me dat ze toe wil schreeuwen: "Doe het niet!"'

Maar dat deed hij niet, en zij deden het wel... het

drietal begon wild in elkaars billen te knijpen en tegen elkaar op te rijden, waarbij ze met de grootste moeite overeind bleven. Uiteindelijk ging een van de meisjes giechelend onderuit – een karakteristiek einde van een GGW-scène.

Later vertelde het meisje, Meredith, dat ze studeerde en in Miami op vakantie was. 'Zo jammer,' zei ze, niet eens met zo'n heel erg dubbele tong, 'over drie jaar zijn we afgestudeerd. Dan zijn we antropologen.'

Een paar weken later zei ze ontdaan aan de telefoon: 'Ik ben helemaal niet biseksueel... niet dat ik er iets tegen heb. Maar in het echt zou ik dat gewoon nooit doen. Het was meer voor de show. Het is een soort reflex, om het maar even netjes te zeggen,' zei ze. 'Mijn vriendin voelde zich heel erg schuldig – die ene die tegen het eerste meisje zei dat ze me moest kussen, degene die ermee begon. Want in het begin voelde ik me zo smerig door wat er gebeurd was. Ik haat Miami.'

'Het is puur zakelijk,' zei Mia Leist. 'In een volmaakte wereld zouden we het misschien anders doen. Maar we kennen de formule. We weten dat het werkt.'

'Als jongens het spannend vinden...' zei Bill Horn.

'Als *meisjes* het spannend vinden!' onderbrak Leist hem. 'Het is niet zo dat wij dit verzonnen hebben. Dit gebeurt toch wel, of wij er nu bij zijn of niet. Onze oprichter was gewoon slim genoeg om erbij aan te haken.' De oprichter van GGW, Joe Francis, heeft de meisjes in zijn filmpjes vergeleken met de feministen die in de jaren zeventig hun beha's in de fik staken. Zijn product, zegt hij, is spannend voor mannen, bevrijdend voor vrouwen, goed voor de een en goed voor de ander. Francis schat dat GGW honderd miljoen dollar waard is. Hij bezit een huis in Los Angeles, een optrekje aan de Mexicaanse kust en twee vliegtuigen. Dat weekend in Miami had de televisiezender ABC voor het programma *Life of Luxery* net een item over Joe Francis opgenomen.

GGW heeft Francis geen goede reputatie opgeleverd: hij is beschuldigd van chantage, al heeft een rechter hem inmiddels vrijgesproken van het aanbieden van vijftig dollar aan een meisje in ruil voor het aanraken van zijn penis. ('Ja hoor!' gilde Horn toen ik hem ernaar vroeg. 'Zoals mijn vriend al zei: wanneer heeft Joe ooit voor handwerk moeten betalen?') Maar GGW heeft Francis rijk en redelijk beroemd gemaakt, in elk geval in bepaalde kringen in Los Angeles. Onder zijn ex-vriendinnen zijn bekende wilde meiden als Paris Hilton en Tara Reid.

Joe Francis was er die avond in maart niet bij, maar zijn aanwezigheid was voelbaar. De cameramannen kregen een bonus als ze een lekker ding – iets anders dus dan zomaar een meisje – naakt voor de camera kregen. 'Joe wil tienen,' verklaarde Leist. 'Je weet wel, meiden van vijftig tot zestig kilo, grote borsten, blond, blauwe ogen, liever geen piercings of tattoo's.' Leist zelf was klein, met bruin haar en een zachte kaaklijn. Ze had haar baan gekregen via een van haar docenten aan Emerson College, een kennis van de vorige tour manager. 'Ik heb wel discussies gehad met vriendinnen die vonden dat GGW vrouwen naar beneden haalt,' zei Leist. 'Maar ik vind, als je op een slinkse manier probeert mensen uit de kleren te krijgen, dan is dat één ding. Maar als vrouwen je komen *smeken* of ze voor de camera mogen en lol hebben en gewoon sexy zijn, dan is het een heel ander verhaal.'

Ik vroeg Leist of ze zelf aan een GGW-filmpje zou mee-doen. 'Geen denken aan,' zei ze.

Meestal begonnen de meisjes, tienen of geen tienen, er grappend aan. Ze vroegen Puck en Sam om een GGW-pet en deden dan alsof ze hun truitje of rok optilden. Maar stukje bij beetje werd de grap serieus, en dan trokken ze hun kleren uit terwijl de camera hen filmde voor God weet wie.

Later die nacht ging GGW naar een tweede tent, on-derdeel van een keten die Señor Frog's heet. Señor Frog's hield net een 'sexy standjes-wedstrijd'. Twee stevige vrou-wen met spierwit geblondeerd haar en een felroze ver-brande huid deden op een podium alsof ze met elkaar vrijden. Een groep van vooral mannen stond om hen heen en scandeerde: 'BROEK UIT, BROEK UIT, BROEK UIT!' De menigte begon boe te roepen toen de vrouwen aan dat verzoek geen gehoor gaven, maar als troostprijs goot de grootste een glas bier leeg over het hoofd en de borsten van de kleinste.

'Meiden! Dit is geen Miss Wet T-shirt-verkiezing!' riep de dj in de microfoon. 'Doe alsof je aan het neuken bent! En ik zeg met nadruk: doe alsof je écht aan het neuken bent! Ik wil dat je doet alsof je haar op z'n hondjes hele-maal lens neukt.' De vrouwen waren te geremd om hun rol geloofwaardig te spelen en werden door het publiek van het podium geroepen.

Mia Leist was opeens heel erg opgewonden. De bar-keeper had haar zojuist verteld over een 'meiden-befwed-strijd' later die week in Fort Lauderdale. Zo'n wedstrijd zou perfect materiaal opleveren voor de dvd's voor GGW-abonnees, mensen die elke maand voor $9,99 een expliciete film krijgen toegestuurd. (Incidentele kopers betalen $19,99 voor minder expliciete dvd's, te koop via infomercials en bij Virgin Megastores.)

'Het zijn altijd alleen maar meisjes, we filmen nooit jongens,' legde Bill Horn uit. 'Dat wil Joe niet. En geen beroeps. Het moet allemaal echt zijn.'

Echtheid is altijd het terrein van Joe Francis geweest, en dan vooral de echtheid die de donkere kant van mensen aanspreekt: voyeurisme, geweld en erotomanie. Via de website van GGW is nog steeds het filmdebuut van Francis te koop, getiteld *Banned from Television*, een weerzinwekkende verzameling beelden met onder andere 'een openbare terechtstelling, de aanval van een mensenhaai, een gruwelijk treinongeluk en expliciete opnamen van een politie-inval in een seksclub!' zoals op de site beschreven staat.[1] 'Zo heeft Joe zijn eerste miljoen verdiend,' zei Horn.

Buiten op het terras keek een bataljon jonge mannen gebiologeerd toe terwijl een knap meisje van negentien jaar, Jennifer Cafferty uit Florida, voor de camera haar roze topje optilde. 'Oké, laat me nu eens je string zien,' zei Puck. Ze lachte en wond haar honingkleurige haar om haar wijsvinger. 'Laat me je string zien,' herhaalde hij. 'Gewoon even snel. Laat me je string zien. Laat me je string dan eens zien.' Ze draaide zich om en tilde haar rok op.

'Yes!' riep een van de jongens die hadden staan toekijken. 'Yes, yes!'

Ze zette haar handen in haar zij en vroeg: 'Waar blijft mijn pet?'

De volgende dag op het strand was alleen het licht anders. 'We willen met jullie op de foto!' riep een blond meisje in bikini tegen de crew. Ze hield haar digitale camera omhoog.

'We willen geen foto's,' riep Leist terug. 'We willen borsten!'

'Dat laat ik maar eens op een kussen borduren, denk ik,' zei Horn.

Een paar jongens dronken bier uit een trechter en besloten kennelijk opeens dat ze dringend een GGW-pet nodig hadden.

'Laat je tieten dan zien,' riep een van hen naar de twee meiden, die naast hen lagen te zonnen. 'Wat doen jullie nou moeilijk. Laat gewoon even je tieten zien.'

Puck wachtte met zijn camera in de aanslag op de reactie van de dames. 'Echt niet!' zei het meisje in de zwarte bikini verongelijkt.

'Je wilt het best,' zei de trechterman treiterig. Mensen begonnen om het groepje heen te draaien, als meeuwen die voelen dat een gezin zijn lunch in de steek gaat laten. 'Doe dan,' zei een man.

'Ja, doe dan!' riep iemand.

'Laat je tieten zien!' schreeuwde een ander.

'Laat je kont zien!'

Er stonden nu zo'n veertig mensen in een kring rond Puck, de meiden en hun 'vrienden', en elke seconde werd de kring dikker. Er werd steeds harder en op steeds hogere toon geschreeuwd.

Ik merkte dat ik in stilte bad dat de menigte die meiden niet met stenen zou gaan bekogelen, mochten ze besluiten hun kleren aan te houden.

We zullen het nooit weten, want na nog een paar minuten, waarin nog eens tientallen jongens en mannen zich bij het menselijke gedrocht hadden gevoegd dat joelend op strandstoelen stond om maar niets te hoeven missen, gebeurde het. Het meisje trok haar zwarte bikinibroekje omlaag. Ze werd beloond met een oorverdovend gekrijs dat als een mes door de lucht sneed.

'Meer!' riep iemand.

Andere mensen pakten hun camera of klapten hun telefoon open en sprongen omhoog om over de muur van ruggen een plaatje van het gebeuren te schieten.

Het tweede meisje kwam overeind, luisterde even naar de kreten van het publiek en begon haar vriendin toen op het ritme van het gejoel op haar billen te petsen.

'Yo,' zei een man in zijn telefoon, 'ik heb nog nooit zo'n te gekke dag gehad op het strand.'

Het klinkt als een jongensdroom. Een wereld van zon en zand waar cocktails uit de kraan komen en elk mooi meisje dat je ziet haar bikinitopje voor je uittrekt, haar rokje optilt... je hoeft er alleen maar om te vragen. Het is niet zo gek dat hier een mannelijk publiek voor te vinden is. Wat wél gek is, is dat de vrouwen die deze virtuele werkelijkheid bevolken geen naaktdanseressen of actrices zijn, maar doodgewone meiden op vakantie – zij zijn de mainstream. En ergens is hun werkelijkheid helemaal niet zo bijzonder. Jonge mensen op vakantie springen wel eens vaker uit de band, en Horn had gelijk toen hij het over een initiatierite had. Maar de inwijding is hier het begin van een proces, in plaats van een eenmalige gebeurtenis; het is meer een eerste biertje dan een bar mitswa. In Miami gaat het er in vakantietijd een beetje heftiger aan toe dan elders, maar onze hele cultuur is doortrokken van de gedachte dat vrouwen vanaf een bepaald moment eigenlijk niets liever doen dan uit de kleren gaan. Girls Gone Wild is niet uitzonderlijk, het is symbolisch.

Wie wel eens de deur uitkomt of televisie kijkt, weet waarschijnlijk precies waar ik het over heb, maar laten we eens een paar voorbeelden op een rijtje zetten:

• Jenna Jameson, 's werelds best betaalde pornoactrice, is een bedrijfstak op zichzelf. Ze heeft opgetreden in clips van Eminem en Korn en commercials voor het schoenenmerk Pony en kledingmerk Abercrombie & Fitch (dat zich vooral op tieners richt). Ze heeft de voice-over van het computerspel Grand Theft Auto ingesproken. In 2004 stond ze zes weken lang op de bestsellerlijst met haar autobiografie *How to Make Love Like a Porn Star*, gerecenseerd in onder andere de *New York Times*, de *Los Angeles Times* en *Publishers Weekly*. Het merkwaardige feit deed zich voor dat een van de meest gelezen auteurs van het land tegelijkertijd op haar website 'ultrarealistische, levensechte' replica's van 'Jenna's Vagina en Anus' verkocht, met gratis glijmiddel.

In 2003 hing er een tientallen meters hoog billboard van Jameson boven Times Square in New York. Eind jaren zeventig, toen Times Square nog een verlopen hoerenbuurt was, verzorgde Women Against Pornography rondleidingen in de buurt, in de hoop dat 'radicale feministen, met ons begrip van pornografie en onze diepgaande kennis van seksualiteit, erin zouden slagen de publieke opinie te bewerken, waar ouderwetse moralisten dat niet voor elkaar hadden gekregen,' zoals feministe Susan Brownmiller schreef in *In Our Time: Memoir of a Revolution*.[2] Het lukte niet, maar tientallen jaren later wisten projectont-wikkelaars, winkelketens en Disney de buurt om te tove-ren in het opgepoetste winkelwalhalla dat het nu is: een geschikte bestemming voor bussen vol toeristen, met gid-sen die veel minder geïnteresseerd zijn in de omverwerping van het patriarchaat dan Susan Brownmiller destijds. Nu pornosterren niet minder mainstream of winstgevend zijn dan Mickey Mouse is een gigantisch billboard van Jame-son – de ster van films als *Philmore Butts* en *Up and Cum-mers* – op het 'Kruispunt van de Wereld' dan ook prima op zijn plaats.

In 2005 zei Judith Regan, de uitgeefster van Jameson, tegen een televisieverslaggever: 'Ik geloof dat er een porno-fisering van onze cultuur aan de gang is... daar bedoel ik mee dat als je bekijkt wat de populaire cultuur voortbrengt, je voortdurend schaars geklede vrouwen ziet, vrouwen met borstimplantaten, gekleed als hoer of pornoster, en dat dit volkomen geaccepteerd is.'³

• In de weken voor de Olympische Spelen in Athene in 2004 maakten Amerikaanse sportvrouwen ruimte in hun strakke trainingsschema om naakt voor *Playboy* te pose-ren, of zo goed als naakt voor FHM (*For Him Magazine*). Hoogspringster Amy Acuff lag op haar rug, met haar blonde haar als een waaier om haar heen, haar ogen geslo-ten en haar heupen omhoog, in FHM (bladzijden verwijderd van een seksquiz met vragen als 'Heb je ooit meegedaan aan een gangbang?' en antwoorden als 'Waarom denk je dat mijn ouders honderdduizend dollar voor mijn studie hebben gedokt?'). Een paar bladzijden verderop zat Aman-da Beard, wereldrecordhoudster 200 meter schoolslag, met haar benen wijd op haar knieën, terwijl ze met de ene hand haar topje omhooghield, zodat je nog net de onderkant van haar borsten kon zien, en met haar andere hand haar bikinibroekje zo ver naar beneden schoof dat de hele wereld duidelijk zag dat ze glad geharst was. Haley Clark, voormalig wereldrecordhoudster en wereldkampioene op de 100 meter rugslag, stond naakt en gebukt in *Playboy*; in het dierenrijk zouden we zeggen dat ze zich 'aanbood'. De impact van deze foto's van verleidelijke (en meestal natte) meiden met gespreide benen, pornoachtige streepjes schaamhaar en stoute-meisjesmondjes beneemt ons bijna het zicht op de overweldigende fysieke talenten van deze vrouwen. Maar misschien is dat juist ook de bedoeling: bimbo's genieten op dit moment in onze cultuur een hogere status dan professionele sportvrouwen. Misschien hadden de dames het gevoel dat ze erop vooruitgingen.

• Ook de mindere goden zijn uit op een eigen rosse ervaring. 'Cardio-striptease' wordt nu aangeboden op sportscholen in New York, Los Angeles, Miami, San Francisco en Chicago. 'Sterke, krachtige vrouwen doen dit graag,' vertelde Jeff Costa, instructeur in Los Angeles.[4] Deze sterke, krachtige vrouwen worden aangemoedigd om te komen trainen in beha en string, want dat draagt bij aan de fantasie dat ze *echte naaktdanseressen* zijn. Op een of andere vreemde manier zijn naaktdanseressen blijkbaar het symbool geworden van seksuele bevrijding, terwijl ze er in werkelijkheid voor betaald worden om seksuele opwinding *voor te wenden*. 'Naaktdansen staat voor seks!' zei Costa. 'Kijk maar naar videoclips, advertenties van Victoria's Secret, al die dingen... lapdancing zie je overal!

Vraag het aan iedereen die nu met choreografie bezig is: dit is op het moment helemaal hét!' Costa vertelde me trots dat er kort geleden een moeder met haar dochter en acht vriendinnetjes naar zijn les waren gekomen, ter ere van de zestiende verjaardag van het meisje.

• ABC had in 2001 de televisieprimeur van de modeshow van Victoria's Secret. 'We hebben een strakke beveiliging en dito meiden,' grapte presentator Rupert Everett. Het was een stoet van benen en borsten, met hier en daar een interview met de modellen – de een wilde graag een keer naar de maan, de ander was dol op dieren. Aanvankelijk waren de mensen een beetje verbaasd en geschokt toen ze op prime time zomaar opeens softseks te zien kregen. Maar een optocht van slipjes zou algauw wonderlijk ouderwets lijken, vergeleken bij de vloedgolf aan realityshows die even later via de televisie de huiskamer binnenkwam en onze cultuur weer een stapje dichter bij een esthetiek van ranzigheid bracht.

Vooral realityshows met het haremthema waren populair. In *The Bachelor, Who Wants to Marry a Millionaire, Joe Millionaire* en *Outback Jack* werden groepen vrouwen met één man afgezonderd op een of andere 'droomlocatie', zoals een kasteel of een protserige villa of de rimboe van Australië. Daar deden de vrouwen wedstrijdjes, vaak gekleed in bikini, waaruit moest blijken wie de heetste en de gretigste was. Nog vóór ze de spetter zelfs maar hadden ontmoet, spraken de deelneemsters met fetisjistisch verlangen over trouwen en, belangrijker nog, hun fantasiebruiloft. Een deelneemster aan *The Bachelor* hield een trotse verhandeling over de meters witte zijde die ze al had gekocht voor haar trouwjurk; een ander vertelde dat ze op zoek was naar de 'prins op het witte paard', die haar het gevoel kon geven dat ze een 'echte vrouw' was.[5]

Het universum van de reality-tv is een wereld die merkwaardig genoeg onberoerd lijkt te zijn door de grote culturele gebeurtenissen van de twintigste eeuw, en al helemaal niet door de vrouwenbeweging. Zelfs de hit *The Apprentice*, een serie die draaide om de financiële scherpzinnigheid en het zakelijke instinct van de toekomstige ondernemers van Amerika, liep in het eerste seizoen uit op een exhibitionistische exercitie toen de vier vrouwelijke deelnemers in mei 2004 in hun ondergoed in FHM verschenen. Gratis. Zoals Trump zei tegen Larry King: 'Ze deden het voor niets. Misschien dat ze daarom niet gewonnen hebben.'[6]

• Tussen 1992 en 2004 is het aantal borstvergrotingen in de Verenigde Staten gestegen van 32.607 per jaar naar 264.041 per jaar – dat is een toename van ruim zevenhonderd procent.[7] 'Jonge meiden denken dat schoonheid gelijkstaat aan hoge jukbeenderen, een hoog voorhoofd, grote borsten en vollere lippen – Pamela Anderson, zeg maar,' zei dr. Terry Dubrow tegen de *New York Times*.[8] Dubrow was een van de twee plastisch chirurgen achter het bloederige snijwerk in *The Swan*, een realityserie die in 2004 van start ging en waarin vrouwen die er heel gewoon uitzagen chirurgisch, cosmetisch en kledingsgewijs omgetoverd werden in vrouwen die er nog steeds heel gewoon uitzagen, maar dan op een geliktere manier – brunettes werden blondines, borsten werden groter, kleren strakker en tanden onwaarschijnlijk wit.

Plaatselijke kranten als *LA Weekly* brengen bladzijden

vol advertenties voor chirurgen die gespecialiseerd zijn in 'vaginoplastiek' of 'vaginale verjonging'. Dat zijn cosmetische ingrepen aan schaamlippen en vulva, bedoeld om de geslachtsorganen meer te laten lijken op wat je in pornofilms of *Playboy* ziet. De ingrepen zijn niet bedoeld om seksueel genot te verhogen, maar uitsluitend om een vagina voor het oog 'aantrekkelijk' te maken. De beroepsvereniging van gynaecologische chirurgen heeft gezegd dat vaginoplastiek pijnlijk littekenweefsel en zenuwbeschadigingen kan veroorzaken (en dus de vagina pijnlijk overgevoelig of juist gevoelloos kan maken) die het seksuele functioneren in de weg staan. Toch stijgt de vraag naar dit soort ingrepen voortdurend. Op plasticsurgerybeverlyhills.net staat dat 'plastische chirurgie aan de vagina de afgelopen vijf tot acht jaar steeds populairder is geworden' en wordt overwogen door 'vrouwen van alle leeftijden'. De website waarschuwt dat grote schaamlippen de vrouwelijke schaamstreek een 'slordig aanzien' geven als ze niet worden 'gecorrigeerd'.

• De modeshows van het voorjaar van 2004 straalden zoveel ranzigheid uit dat Simon Doonan, creatief directeur van modehuis Barneys, in zijn column in de *New York Observer* schreef: 'De heteroporno-clichés die de eerste paar dagen van de Fashion Week domineerden waren de toeschouwers een raadsel… geconfronteerd met dit soort van-dik-hout-zaagt-men-planken seks kunnen wij nichten en fashion-chicks elkaar alleen maar aanstaren als doodsbange konijnen in het licht van de koplampen.'[9] Ontwerper Jeremy Scott kleedde zijn show ('Sexybition' genaamd) aan met paaldansers en de actrice Lisa Marie, die gekleed was

als seksslavin en op het podium ofwel een langdurig orgasme fakete ofwel een epileptische aanval kreeg. De Pier-
rot-breimode werd gepresenteerd in de vorm van een por-
nofilmopname, met ontwerper Pierre Carrilero in de rol
van regisseur en de modellen in verschillende vertrouwde
pornotableaus (zwarte man/blanke vrouw, trio enz.). Ont-
werpster Betsey Johnson hanteerde als slogan '*Guys Love
B.J.*', en om haar boodschap kracht bij te zetten stuurde ze
haar modellen de catwalk op met labels als *Fluffer*. (Een
'fluffer' is de persoon die op de set van een pornofilm de
penis van de hoofdrolspeler stijf moet houden.)

• Elton John, een geridderde artiest die bekendstaat om
zijn nichterige kostuums, enorme pruiken en, tegenwoordig, zijn zoete composities voor Disney-films, gebruikte in
het voorjaar van 2004 voor een reeks concerten in Las Vegas als decor een stel reusachtige opblaasbare borsten, met
daarachter een enorm LED-scherm waarop Pamela Anderson aan het paaldansen was. De concerten werden gegeven
in het Colosseum in Caesars Palace, een zaal die plaats
biedt aan ruim vierduizend mensen. Elton John mag dan
erg populair zijn bij het Engelse koningshuis, kinderen en
homoseksuele mannen, zijn concert had alles van een uit
zijn krachten gegroeide seksshow.

• Op de boekenmarkt is de afgelopen jaren een enorm aantal pornografische titels verschenen – waarvan er niet één
meer beschaamd is weggestopt in de Erotica-kast, achter
de Kama Sutra. *XXX: 30 Porn-Star Portraits*, een verzameling foto's van de prominente fotograaf Timothy Greenfield-Sanders, verscheen in oktober 2004 met begeleidende

artikelen van grote schrijvers als Gore Vidal en Salman Rushdie. De portretten werden verkocht in de beroemde Mary Boone Gallery in New York. Bij de opening van de tentoonstelling vroeg ik aan Greenfield-Sanders, die mensen als Hillary Clinton en de vroegere Amerikaanse minister van Buitenlandse Zaken Madeleine Albright voor zijn camera heeft gehad, waarom hij zijn aandacht verlegd had van politici naar pornosterren. 'Omdat porno veel meer bij onze cultuur is gaan horen,' zei hij.

Pamela Andersons autobiografische roman *Star*, met een naakte pin-up van de schrijfster op de binnenkant van het omslag, stond in de zomer van 2004 twee weken lang op de bestsellerlijst van de *New York Times*. Toen in 2001 *Dagboek van een call girl* van ex-prostituee Tracy Quan verscheen, kreeg het een prominente plek in boekhandel Barnes & Noble, vlak naast *Harry Potter*. Samen met opperrechter William Rehnquist nam Quan deel aan een bijeenkomst met lezers in Washington DC. Zoals ze zelf zei tegen de *New York Times*: 'Als je dán niet bij het establishment hoort, dan weet ik het niet meer.'[10]

Dit is ons establishment, dit zijn onze rolmodellen, dit is haute couture en lage cultuur, dit is sport en politiek, dit is televisie, dit is de uitgeverswereld en de popmuziek en de geneeskunde, en – goed nieuws! – als je erbij hoort ben je een sterke, krachtige vrouw. Want we hebben besloten dat een geëmancipeerde vrouw haar seksualiteit openlijk uitdraagt, en omdat het enige teken van seksualiteit dat we herkennen een directe verwijzing naar rosse entertainment is, hebben we de ranzige esthetiek van een toplessbar of een fotoreportage voor *Penthouse* door onze hele cultuur geweven.

Dit komt uit een artikel in de *Washington Post*... niet bepaald een plaatselijk sufferdje:

> Iedereen droomt er toch wel eens van om rond een paal te dansen? Omdat over-de-knielaarzen nette meisjes een sexy gevoel geven. Omdat Carmen Electra, ster van een nieuwe dvd-serie over striptease als sport, de vrouwen van Amerika graag leert hoe je een 'ondeugende secretaresse' speelt. Omdat Madonna paaldanst in een tijdschrift en Kate Moss paaldanst in een videoclip en Pamela Anderson ooit van plan was het acteren vaarwel te zeggen om tijdens de concerten van Kid Rock te gaan naaktdansen. Omdat Oprah Winfrey laatst heeft leren lopen als een naaktdanseres. Omdat paaldansen je spieren sterk maakt en je geest soepel houdt... Omdat het hot is en mannen er dol op zijn. Omdat het je zelfvertrouwen geeft; vergeet die mannen. Dit is waarom iedereen zin heeft om te paaldansen. Dit is waarom de paal, die je via internet goedkoop kunt bestellen en in je eigen huis kunt installeren, als een vunzige rode draad door de Amerikaanse psyche lijkt te lopen. Het hippe paaldansen heeft de natie, zoals zoveel nieuwe dingen in onze populaire cultuur, voor een groot deel aan Los Angeles te danken.[11]

Je vraagt je af hoe we Los Angeles ooit moeten bedanken voor dit nieuwe ding dat zoveel zelfvertrouwen schenkt. 'Iedereen' wil eraan meedoen; 'iedereen droomt er toch wel eens van'? We komen niet op het idee om te accepteren en respecteren dat *sommige* vrouwen exhibitionistisch en genotzuchtig zijn, nee, we hebben besloten dat *iedereen* die seksueel bevrijd is naaktdanseressen en pornosterren hoort na te doen.

Nog niet zo lang geleden betekende de onthulling dat een bekende vrouw aan een of andere vorm van pornografie had meegewerkt gegarandeerd het einde van haar goede naam. Denk maar aan Vanessa Williams, in 1983 de eerste zwarte Miss America, en hoe snel ze onttroont werd nadat naaktfoto's van haar in *Penthouse* hadden gestaan. Later maakte ze haar comeback als zangeres, maar het punt is dat je, als je met porno geassocieerd was, ook echt een comeback nodig had. Nu is porno zelf de comeback.

Sommige mensen herinneren zich misschien dat Paris Hilton gewoon een blonde tiener was die graag op tafels danste en op een dag achtentwintig miljoen dollar zou erven, toen zij en haar vriendje Rick Solomon een filmpje maakten terwijl ze met elkaar naar bed gingen. Toeval of niet, een paar jaar later kwam het filmpje op pornosites op internet terecht, kort voordat in december 2003 de eerste aflevering van Hiltons realityserie, *The Simple Life*, zou worden uitgezonden. In september 2004 dook er een tweede filmpje op van Hilton, vrijend met Nick Carter, voormalig lid van de Backstreet Boys, en Jason Shaw, model bij Tommy Hilfiger. Maar het punt is niet wat zíj deed, maar wat wíj met die filmpjes deden. Het resultaat van deze huis-, tuin- en keukenpornografie was dat Paris Hilton een van de meest herkenbare en verkoopbare vrouwelijke beroemdheden van het land werd. Sinds het opduiken van de seksfilmpjes is Hilton zo beroemd geworden dat ze allerlei lucratieve deals heeft kunnen sluiten... er is een sieradenlijn waaraan ze haar naam heeft verbonden (navelringetjes nemen een prominente plaats in), een parfum, een keten van nachtclubs genaamd Club Paris, die hun deuren hebben geopend in verschillende Amerikaanse steden en wellicht ook in Europa zullen worden gevestigd, én ze heeft een modellencontract voor Guess-jeans in de wacht gesleept waarmee ze in *Vogue, Lucky* en *Vanity Fair* heeft gestaan. Haar boek, *Confessions of an Heiress*, was in de zomer van 2004 een bestseller. Haar debuut-cd verscheen in de zomer van 2006. Aan het eind van 2004 interviewde Barbara Walters haar in het kader van haar jaarlijkse tv-programma over de tien 'boeiendste mensen' van het jaar. Paris Hilton is geen paria. In tegendeel, ze is onze mascotte.

Dit lijkt misschien niet te kloppen met de 'ruk naar rechts' die ons land heeft gemaakt, maar de bimbocultuur ontstijgt de politiek. De waarden waardoor mensen zich bij verkiezingen laten leiden, zijn niet noodzakelijkerwijs de waarden waarnaar ze leven. In geen enkele regio in de Verenigde Staten worden zoveel scheidingen uitgesproken als in de Bible Belt (in deze christelijke staten in het zuiden ligt het scheidingspercentage ongeveer anderhalf keer zo hoog als in de rest van het land.).[12] Acht van de tien staten met de hoogste scheidingspercentages zijn Republikeins, terwijl de staat met het laagste scheidingspercentage, Massachusetts, van oudsher Democratisch is.[13] Ook al beschouwen mensen zichzelf als conservatief en stemmen ze op de Republikeinen, vaak zijn hun politieke idealen niet meer dan dat: de weerspiegeling van hoe ze zouden wíllen dat Amerika eruitzag, meer dan een product van hoe ze hun land in de praktijk ervaren.

Dit verschijnsel doet zich ook voor in de amusementsindustrie. In de maand waarin George 'het huwelijk is heilig'

Bush voor de tweede keer tot president werd gekozen, was het op één na best bekeken televisieprogramma de serie *Desperate Housewives*, een van diepe decolletés vergeven drama waarin een getrouwde vrouw voorkomt die het met haar minderjarige tuinman doet. In het conservatieve Atlanta, waar bijna achtenvijftig procent van de kiezers op Bush stemde, stond *Desperate Housewives* zelfs op één. Zo is *Playboy* ook veel populairder in het conservatieve Wyoming dan in het liberale New York.

Hoewel de opkomst van de bimbocultuur in tegenspraak lijkt met het conservatisme van deze tijd, klopt het in werkelijkheid als een bus. De bimbocultuur is niet in wezen progressief, ze is in wezen commercieel. Door naar seksclubs te gaan, voor de camera onze borsten te ontbloten of onze sportvrouwen te begluren, omhelzen we geen grote liberale gedachte – dit is geen Vrije Liefde. De bimbocultuur gaat niet over het ontdekken van de mogelijkheden en geheimen van onze seksualiteit. Het gaat over het eindeloos uitmelken van één bepaald, en een uiterst commercieel, sjabloon voor sexappeal.

Sexappeal of geilheid zijn losgeraakt van seks zelf. Zoals Paris Hilton, de belichaming van onze collectieve obsessie met blond, heet, rijk, anti-intellectueel, tegen *Rolling Stone*-verslaggeefster Vanessa Grigoriadis zei: 'Mijn vriendjes zeggen altijd dat ik niet seksueel ben, sexy, maar niet seksueel.'[14] Elke veertienjarige die haar seksfilmpjes heeft gedownload, weet dat Hilton er geil uitziet als ze voor de camera poseert, maar dodelijk verveeld als ze echt met seks bezig is. (In één filmpje neemt Hilton tijdens de geslachtsgemeenschap een telefoontje aan.) Ze is de perfecte ster voor dit moment, want we zijn vooral geïnteresseerd in de suggestie van seks, niet in echt seksueel genot. (Vóór Paris Hilton hadden we Britney Spears en Jessica Simpson om ons aan te vergapen: twee dampende, uitdagende blondines die het nooit moe werden ons te vertellen dat seks iets was waarover ze zongen, niet iets wat ze in het echte leven deden.)

Sexappeal is een synecdoche geworden voor alles wat aantrekkelijk is: mensen noemen een restaurant sexy als ze hip of gewoon goed bedoelen. Een Amerikaanse generaal verklaarde in *The New Yorker* over een luchtaanval op de Taliban: '*It was sexy stuff*'[15]; in de *New York Times* stond een artikel over de energiebranche met als onderkop 'Deregulatie minder sexy sinds Enron'.[16] Iets doet er pas toe als het sexy is. Sexappeal slaat niet meer alleen op seksuele aantrekkingskracht, het slaat op alles wat de moeite waard is.

Hartstocht maakt er geen onderdeel meer van uit. De gelikte, oververhitte seksualiteit waarvan onze cultuur doortrokken is heeft minder te maken met contact dan met consumptie. Sexappeal is ons culturele betaalmiddel geworden, en een heleboel mensen hebben er een heleboel tijd en echt geld voor over om het te bemachtigen. Sexappeal is niet hetzelfde als schoonheid, die zolang de mens bestaat altijd hoog gewaardeerd is. Sexy kan populair betekenen. Sexy kan opzienbarend betekenen. Maar in verband met vrouwen betekent sexy twee dingen in het bijzonder: lekker en gewild. De functie-eisen voor onze rolmodellen, de sterren van de seksindustrie.

En zo verwijzen vrouwen in hun stijl, hun woordgebruik of creatieve uitingen vaak en specifiek naar seks. Neem het oeuvre van popzangeres Christina Aguilera, die in 2003 een album opnam dat *Stripped* heette (de tournee was uitverkocht en bracht tweeëndertig miljoen dollar op), in haar videoclip *Dirrty* op suggestieve wijze door de modder rolde en graag broeken zonder kont draagt. 'Ze is een fantastisch rolmodel,' verklaarde Aguilera's moeder in een televisiespecial over haar dochter. 'Ze wil de maatschappij veranderen, want vrouwen moeten precies hetzelfde kunnen doen als mannen.'[17]

Het klopt dat vrouwen met een inhaalslag bezig zijn op het van oudsher mannelijke terrein van het seksuele opportunisme; net als op andere gebieden proberen we het onszelf qua seks zoveel mogelijk naar de zin te maken. Maar het is niet waar dat mannen in hun onderbroek rond paraderen om macht te krijgen – in de dominante heteroseksuele cultuur in elk geval niet. Dat hoeven ze helemaal niet. Jay Leno zit met een pafferig gezicht in een te wijd pak achter zijn tafel en weet zeker dat hij de koning van de *late night* is.[18] Toen nieuwslezeres Katie Couric in mei 2003 gastpresentatrice van de *Tonight Show* was, droeg ze een laag uitgesneden jurk en vond ze het nodig om de aandacht nog eens extra op haar borsten te vestigen door ernaar te wijzen en te verklaren: 'Deze zijn echt hoor!' Om de benenliefhebbers in de zaal niet tekort te doen en de peepshow compleet te maken, liet Couric een gat in Leno's tafel zagen – voor wie het gemist heeft: op internet zijn tientallen sites te vinden met de benen van Katie Couric in close-up. Zelfs de lieveling van de Amerikaanse ontbijttelevisie, een vrouw die staatshoofden interviewt en de best betaalde persoon in het televisienieuws is, moet kennelijk haar toevlucht nemen tot exhibitionisme om het gevoel te hebben dat ze het gemaakt heeft.[19]

Couric verklaarde later dat ze Amerika in de *Tonight Show* haar 'leuke' kant had willen laten zien, maar in werkelijkheid toonde ze meer dan haar leuke kant, of zelfs haar seksuele kant. Wat ze liet zien, was dat ze openstond voor een bepaalde vorm van aandacht – een absolute noodzaak als je als vrouw sexy gevonden wilt worden. Sexappeal levert niet alleen goedkeuring op. Dat een vrouw die goedkeuring zichtbaar najaagt, bewijst op zichzelf dat ze sexy is.

Voor vrouwen, en alleen voor vrouwen, geldt dat sexappeal een soort gretigheid vereist, de belofte dat alle aandacht die je voor je uiterlijk krijgt welkom is. Toen Leno Courics plaats innam in de *Today Show* hield hij al zijn kleren aan. Terwijl Janet Jackson tijdens de beruchte act in de rust van de finale van de Super Bowl Amerika met haar rechtertepel liet kennismaken, lukte het Justin Timberlake prima om al zijn kleren op hun plaats te houden. Niet één Olympische sportman heeft het nodig gevonden om met zijn blote penis in een tijdschrift te gaan staan. Bewijzen dat je sexy bent, dat je begerenswaardig bent en dus óók dat je eropuit bent om begeerte op te wekken, is nog steeds exclusief vrouwenwerk. Het is niet genoeg dat je succesvol, rijk of gearriveerd bent: zelfs vrouwen als Couric en Jackson en wereldkampioene zwemmen Haley Clark, vrouwen die de besten zijn op hun terrein, vinden het nodig om hun behoefte aan aandacht te etaleren. Dit is, zoals dat meisje uit *Girls Gone Wild* al zei, een 'soort reflex' geworden.

Dit is geen stand van zaken die vrouwen opgedrongen is. Dankzij de vrouwenbeweging hebben vrouwen van nu heel andere mogelijkheden en verwachtingen dan onze moeders vroeger. In ons privé-leven genieten we een zwaarbevochten (en nog steeds niet vanzelfsprekende) vrijheid. Op de arbeidsmarkt dringen we geleidelijk door in de hoogste functies. We kunnen studeren en sporten en minister van Buitenlandse Zaken worden. Maar als je zo om je heen kijkt, zou je denken dat we eigenlijk niets liever doen dan onze kleren uittrekken en met onze billen schudden.

Een of andere versie van de sexy, schaars geklede verleidster is er altijd wel geweest, en ook de behoefte aan ranzigheid is zo oud als de wereld. Maar vroeger was het een met schuld beladen pleziertje in de marge – in de bijna geheel mannelijke marge bovendien. Wil een trend doordringen in de politiek, de muziekindustrie, de kunst, de mode, de algemene smaak, zoals de bimbocultuur gedaan heeft, dan moet die trend door en door mainstream zijn, en de mainstream is voor de helft vrouw. Zowel mannen als vrouwen lijken een voorkeur ontwikkeld te hebben voor de kitscherige, hoerige stereotypen van de vrouwelijke seksualiteit uit nog niet helemaal vervlogen tijden. We staan er niet eens meer bij stil; we vinden het heel gewoon dat we overal halfnaakte, kronkelende en kreunende vrouwen tegenkomen.

Mannen hebben altijd genot beleefd aan de kunsten van de plaatselijke buikdanseres of de lapdancer in de seksclub, maar welk plezier beleven vrouwen hier opeens aan? Waarom zou een heteroseksuele vrouw naar een andere vrouw willen kijken die met heel weinig kleren aan rond een paal kronkelt? Waarom zou ze zelf rond die paal willen kronkelen? Voor een deel omdat vrouwen in Amerika van niets meer uitgesloten willen zijn: niet van de bestuursvergadering of het sigaren roken daarna, en sinds kort ook niet van het bezoek aan de seksclub dáárna. We willen zijn waar het allemaal gebeurt, en momenteel gebeurt het op de ranzigste plaatsen.

Mannen de schuld geven voldoet niet meer. Achter de schermen, en niet alleen voor de camera, staan vrouwen als Mia Leist, die beslissingen nemen, geld verdienen en 'Wij willen borsten' roepen. Playboy is een goed voorbeeld. Het imago van Playboy draait helemaal om Hugh Hefner, de aantrekkelijke zeventiger in kamerjas die het bedrijf lang geleden heeft opgericht, om zijn vele 'vriendinnen' en de non-stop bikinifeestjes rond zijn zwembad. Maar in werkelijkheid is Playboy een bedrijf dat grotendeels door vrouwen wordt gerund. Hefners dochter Christie is algemeen directeur en voorzitter van de raad van bestuur van Playboy Enterprises. De financieel directeur is Linda Havard, een moeder van middelbare leeftijd. De Playboy Foundation (die onder andere gelobbyd heeft voor de ERA, de wet die in de jaren zeventig gelijke rechten voor mannen en vrouwen regelde) wordt geleid door Cleo Wilson, een zwarte voormalige burgerrechtenactiviste. Een vrouw die Marilyn Grabowski heet is verantwoordelijk voor meer dan de helft van de foto's in het blad.

Het bedrijf, dat in 2003 zijn vijftigste verjaardag vierde, is bijna vijfhonderd miljoen dollar waard, het merk en het logo zijn onmiskenbaar, recent is het bedrijf met succes overgestapt naar softporno op televisie en *Playboy* is nog steeds het best verkochte mannenblad ter wereld, met een betaalde oplage van ruim drie miljoen in de Verenigde Staten en vijftien miljoen lezers in de rest van de wereld. En, na een onderbreking van twintig jaar, is in 2006 in Las Vegas weer de eerste van een reeks nieuwe Playboy Clubs opengegaan. Net als in de oorspronkelijke, swingende Playboy Clubs uit de jaren zestig, werken ook hier 'gastvrouwen' in een strapless, badpakachtig uniform, compleet met konijnenoren, manchetten en een konijnenstaartje – dezelfde bizarre outfit die Gloria Steinem er in 1963 toe bracht twee weken undercover te gaan in een Playboy Club in Manhatten. Ze schreef er haar beroemde artikel 'A Bunny's Tale' over, waarin ze de arbeidsomstandigheden aan de kaak stelde en verklaarde dat de sfeer in de club in het algemeen bijdroeg aan uitbuiting en vrouwenhaat. (Steinems oordeel werd weersproken door de voormalige bunny Kathryn Leigh Scott, in een veel minder beroemd geworden boek dat *The Bunny Years* heette. Scott, die in Manhattan een van Steinems collega's was, herinnerde zich de Playboy Club vooral als een leuke gelegenheid waar ze veel geld verdiende.) In 1986 sloot Playboy de laatste van de oorspronkelijke clubs omdat ze niet meer winstgevend waren. Maar met de hernieuwde belangstelling voor alles wat bimbo is, heeft Playboy, waarschijnlijk terecht, besloten dat de tijd weer rijp is om het Amerikaanse publiek cocktails voor te laten zetten door vrouwen verkleed als knuffeldier.

Christie Hefner is de oprichtster van twee vrouwengroepen: Emily's List, dat geld bijeenbrengt voor steun aan vrouwelijke Democratische kandidaten, en het Committee of 200, een organisatie van vrouwelijke bestuurders en ondernemers die mentorprogramma's en studiebeurzen verzorgen voor meisjes en jonge vrouwen. Ik wilde weten hoe ze haar werk voor deze vrouwengroepen verenigt met haar werk als hoofd van een bedrijf dat vrouwen gebruikt als stimulerend middel bij het masturberen, dus zocht ik haar op in een groen, regenachtig Chicago.[20]

In de lobby van North Lake Shore Drive 680, waar Playboy Enterprises gevestigd is, wees niets op ranzigheid. De vloer was een enorm schaakbord van koel marmer en een bescheiden roestvrijstalen bord vermeldde de naam van het bedrijf. (Geen bunny.) Maar toen ik in de lift stapte, wist ik dat ik goed zat. Een lange, superstrakke vrouw in spijkerbroek en op hoge hakken, met een lange, glanzende paardenstaart en een afgrondelijk decolleté stapte in met haar vriendin, die er meer als een gewoon mens uitzag. De strakke deed nog wat lipgloss op en likte langs haar witte tanden. 'Hoe zie ik eruit?' vroeg ze. Haar vriendin nam haar aandachtig op en trok het ritsje van haar truitje omlaag tot onder haar borsten. Ze deed een stap achteruit, keurde het effect en knikte. 'Dit is denk ik meer wat je wilt zeggen.'

Op de veertiende verdieping zat een blonde receptioniste voor een glazen vitrine waarin twee rare witte paspoppen met een konijnenkop stonden. 'Komen jullie allemaal voor de vijftigste?' vroeg ze met een glimlach. Ze bedoelde: kwamen we auditie doen als Playmate voor het nummer ter ere van de vijftigste verjaardag van het tijdschrift? De vrouw die daar overduidelijk wél voor kwam liep achter de receptioniste aan verder het gebouw in. 'Ze werkt voor een Duits farmaceutisch bedrijf dat BrainLAB heet,' vertelde haar vriendin, bladerend door een *Playboy* die ze van de salontafel had gepakt. Een paar seconden gingen voorbij, toen keek ze met vurige ogen op van een reportage over studerende meiden. 'Ik ga ook,' zei ze. 'Wat kan mij het schelen!' En ze rende achter de anderen aan.

Er was een groot verschil in uiterlijk en houding tussen de vrouwen in de lobby en de vrouw voor wie ik hier was.

De kantoren van Playboy zijn net glazen vissenkommen waar je in kunt kijken als je via de trap aankomt. Je kunt Christie Hefner dan ook uitgebreid begluren voor je echt tegenover haar staat. Ze heeft een gave huid en keurige korte nagels en ze lijkt een beetje op de actrice Jo Beth Williams... je zoekt Hef in haar gezicht, maar hij is er domweg niet. 'Weet je, vroeger moest ik altijd lachen als mensen vroegen: "Hoe kun je nu directeur zijn van een bedrijf dat producten aan mannen verkoopt?"' zei ze met een glimlach. 'Goh, zei ik dan, in al die tijd dat vrouwenmode en cosmetica en alles nu al door *mannen* worden verkocht, heb ik die vraag nou nog nooit horen stellen! Niemand zegt ooit: hoe kan híj nou weten wat vrouwen aanspreekt?'

In werkelijkheid hebben op 18 maart 1970 meer dan honderd vrouwen elf uur lang op de grond gezeten in het kantoor van John Mack Carter, hoofdredacteur van *Ladies' Home Journal*, met een lijst van 'ononderhandelbare eisen', zoals 'Wij eisen dat *Ladies' Home Journal* een vrouwelijke hoofdredacteur aanneemt die weet wat de problemen en behoeften van vrouwen zijn'. Maar goed, ik kwam geen kritische kanttekeningen plaatsen bij Hefners vermogen om een product te maken dat mannen aanspreekt; de cijfers tonen aan dat ze daartoe heel goed in staat is. Ik kwam vragen wat Playboy eigenlijk voor vrouwen doet.

'Heel veel vrouwen lezen het blad,' zei ze. 'Dat weten we zeker, want ze sturen ons brieven.' En dat was het bewijs, zei ze, dat 'de generatie van ná de seksuele revolutie en de vrouwenbeweging, die nu eind twintig, begin dertig is – en met de generatie na hen gaat het gewoon verder – veel volwassener, minder verkrampt, *natuurlijker* tegenover seks en seksappeal staat, wat in de buurt komt van de houding die mannen generaties geleden al hadden. Het konijnenkopje staat voor sexy plezier, een beetje rebellie, net zoals een navelpiercing... of een heupbroek! Het betekent *Ik bepaal zelf hoe ik eruitzie en wat ik ermee wil zeggen*, en niet *Ik schaam me ervoor* of *Ik voel me er niet mee op mijn gemak*. Recht voor z'n raap... maar op een leuke manier... "speels" is een goed woord.'

Ik vroeg haar waarom al die speelse vrouwen dan *Playboy* kochten in plaats van, laten we zeggen, *Playgirl*. 'Dat de kloof kleiner wordt, wil nog niet zeggen dat hij al helemaal gedicht is,' antwoordde ze. 'Je kunt geen blote mannen in de bioscoop brengen en een "alle leeftijden"-stempel krijgen; je kunt voor advertenties geen mannelijk bloot gebruiken zoals je vrouwelijk bloot gebruikt en verwachten dat iedereen dat volkomen normaal vindt. Ik bedoel, dat verschil is er nog steeds, omdat mannen zich er ongemakkelijk bij voelen door vrouwen bekeken te worden en het object van hun fantasieën te zijn.'

Dat verklaart waarom mannen er niet per se van dromen op een dag in de *Playgirl* te staan. (Waarom er geen mannen de auditie binnenstormen en roepen: 'Wat kan mij het schelen! Ik probeer het gewoon!') Maar het verklaart niet waarom vrouwen het tijdschrift kopen, of al die spullen met het konijnenkopje erop. Waarom ze meegaan in waar *Playboy* voor staat. Dat heeft denk ik meer te maken met de gangbare wijsheid die Hefner zo treffend onder woorden bracht: als je geen *Playboy* leest (of niet uit de kleren gaat voor *Girls Gone Wild* of je borsten niet laat vergroten of de autobiografie van Jenna Jameson niet leest) ben je dus 'niet op je gemak' met je seksualiteit. Daarmee is de bimbocultuur niet iets waaraan je in alle vrijheid besluit wel of niet mee te doen, maar een lakmoesproef voor vrouwelijke vrijgevochtenheid.

Ik vroeg Hefner wat ze vond van jonge meisje die ervan dromen in *Playboy* te staan – meisjes voor wie ze via het Committee of 200 studiebeurzen regelt, bijvoorbeeld. 'Ik vind dat daar helemaal niets mis mee is, en wel omdat vrouwen een foto in het blad niet zien als het begin van een carrière maar als statement,' zei ze beslist. 'Het is een moment waarop ze creatief kunnen zijn. Misschien betekent het niet meer dan *Ik wil me aantrekkelijk voelen*, maar het kan ook veel ingewikkelder zijn, zoals met een Vicky La Motta of een Joan Collins, die zegt *Ik ben niet meer zo jong, en nu ik vijftig ben wil ik kijken of ik nog wel aantrekkelijk kan zijn*. Of: *ik ben sportvrouw en volgens mij betekent dat niet dat ik niet ook sexy kan zijn*. En het kan een nog veel diepere betekenis hebben, zoals voor die vrouw die toen ze in de twintig was een auto-ongeluk had gehad en gedeeltelijk verlamd was geraakt en ons schreef dat ze in ons blad haar verhaal wilde vertellen. Ik denk dus dat mensen die voor het blad poseren precies weten wat ze ermee willen bereiken – en daarnaast hebben ze gewoon een leven als actrice of moeder of advocaat of directeur.'

Actrice of moeder, oké, maar advocaat of directeur? Met je blote kont in een blad staan is nog steeds niet de beste manier om vennoot te worden of indruk te maken op de aandeelhouders. De enige carrière waarbij een foto in *Playboy* echt een strategische zet is, is een carrière in de seksindustrie. In *How to Make Love Like a Porn Star* schrijft Jenna Jameson: 'Naaktfoto's zijn een gemakkelijke eerste stap.'[21] Veel vrouwen in pornofilms zijn 'ontdekt' in

*Playboy.* Playboy ontmoedigt deze praktijk, en een aantal voormalige Playmates is uit de Playboy Mansion verbannen na overtreding van de ongeschreven regel die bepaalt dat meisjes niet aan porno mogen doen. (Voor het gemak vergeten we maar even dat Playboy zelf een televisiezender met softporno heeft opgezet.) Maar toch, pornomakers gebruiken *Playboy* en *Penthouse* veelvuldig als castingcatalogus. Vrouwen die in *Playboy* hebben gestaan zijn gerekruteerd als inwonende hoeren voor de harem van de broer van de sultan van Brunei.[22]

De meer basale manier waarop *Playboy* de seksuele bevrijding van vrouwen, die Hefner zegt te steunen, ondermijnt, is deze: de vrouwen die wél een carrière beginnen buiten de seksindustrie zullen door de miljoenen mannen, en steeds meer vrouwen, die *Playboy* lezen nooit worden gezien als moeder of advocaat of directeur; ze zullen nooit worden gezien zoals ze zijn. Voor altijd worden ze gezien als pin-up, in soft focus, gekleed in iets kleins en zachts, met een glanzend lachje dat zegt dat ze blij zijn met elke vorm van aandacht. Ze zijn alleen sexy als sexy betekent dat je voor veel geld precies doet wat je gezegd wordt. Als sexy betekent dat je hartstochtelijk bent of dat je dicht bij je eigen seksuele fantasieën en eigenaardigheden blijft, dan vertellen de foto's dat niet. Fotomodel Alex Arden, voormalig covergirl van *Penthouse*, zei in een interview op televisie:

> Als je zo'n onmogelijke houding moet aannemen waar je rugpijn van krijgt, en je moet je buik inhouden en je heupen naar voren steken en je rug krommen en je kont in de lucht steken, en dat allemaal tegelijk, en dan

ook nog je adem inhouden, dan voel je je helemaal niet sexy. Je voelt pijn. En je hebt zin om die fotograaf te vermoorden.[23]

De bekende naaktfotograaf Earl Miller zei op zijn beurt: 'Ons werk is het om met ze op pad te gaan en ze levend of niet levend weer thuis te brengen, maakt niet uit... als we die foto's maar hebben.'[24] Pornokoningin Jenna Jameson zei net zoiets als Arden toen ze over haar eerste testreportages voor mainstream mannenbladen schreef: 'Ik moest zo ver achterover buigen dat ik kramp kreeg in mijn onderrug. Als ik die foto's nu terugzie, is maar al te duidelijk dat het sexy mondje dat ik dacht te trekken, gewoon een slecht gecamoufleerde grimas was.'

Dat klinkt niet als iets wat je voor je lol doet. Er zijn vast vrouwen die echt opgewonden raken bij het idee of van het feit dat ze naakt gefotografeerd worden. Maar ik denk dat we er veilig vanuit kunnen gaan dat veel meer vrouwen alleen maar voor het geld in *Playboy* staan. En dat is ook prima. Maar 'voor het geld' is iets heel anders dan 'omdat ik de baas ben over mijn eigen seksualiteit'.

Als je Hefner zo hoort, zou je zeggen dat *Playboy* een ware staalkaart is van alle verschillende verschijningsvormen van sexappeal – *gehandicapt! oud! naakt!* Maar ze gaven me een dikke stapel tijdschriften mee en de enige vorm die ík zag was de vorm die je ziet als je naar een wand vol barbiepoppen kijkt. Sommige vrouwen hebben donkerder haar (maar de meeste zijn blond), sommige dragen iets wat op hun etnische afkomst of hun beroep wijst, maar ze komen duidelijk allemaal uit dezelfde fabriek. Individualiteit is weggepoetst: dat past niet bij de formule.

Toen het Olympische nummer van *Playboy* verscheen kon je op playboy.com op verschillende knoppen klikken voor een voorproefje; de keuzes waren 'sportvrouwen', 'blondines' en 'brunettes'. Het deed me heel erg denken aan online broeken kopen: 'pantalons', 'stretch', 'jeans'.

Waarom kunnen we niet sexy en speels en de baas over onze seksualiteit zijn zonder tot handelswaar gedegradeerd te worden? Waarom moet je in *Playboy* staan om te kunnen zeggen: ik ben sportvrouw en volgens mij betekent dat niet dat ik niet ook sexy kan zijn? Als je echt gelooft dat je zowel sexy als sportief bent, waarom is het dan niet genoeg om voor de ogen van de hele wereld met je perfecte lijf en een gezicht waar de passie van afstraalt je sport te beoefenen? In plaats van aan te tonen dat we 'sexy' en 'sportief' eindelijk niet meer als tegengestelden zien, onthulde het Olympische nummer alleen maar dat we deze twee eigenschappen nog steeds met de grootste moeite aan elkaar knopen. De sportvrouwen moesten uit hun element worden gehaald, de geconcentreerde, vastberaden blik die ze op het veld in hun ogen hebben moest plaats maken voor koket geknipper met de wimpers en de razendsnelle benen moesten gespreid worden.

Dat vrouwen zichzelf dit aandoen is geen overwinning; het is deprimerend. Seksualiteit hoort bij het leven, het is een fundamenteel onderdeel van ons mens-zijn, en het is veel ingewikkelder dan we lijken te willen toegeven. Verschillende mensen vinden verschillende dingen aantrekkelijk en seksuele voorkeuren zijn er te kust en te keur. En toch hebben we om een of andere reden als waarheid geaccepteerd dat sexappeal iets is dat losgemaakt moet worden van wie we in het dagelijks leven zijn.

Waarom zijn we hierin getrapt? En wanneer? En hoe heeft dat kunnen gebeuren?

De bimbocultuur staat misschien nog wel het verst af van oudere hippies zoals mijn ouders – die zijn helemaal voor de vrije liefde, maar in hun ogen heeft dit niets met liefde te maken; in hun ogen is het angstaanjagend, louche, onbegrijpelijk. En op een bepaalde manier ís een door vrouwen gesteunde cultuur van ranzigheid natuurlijk ook een opstand tegen hun feministische, egalitaire en anti-materialistische waarden. Maar ook al staat deze nieuwe wereld van bier en babes ver af van de revolutionairen van de jaren zestig, ze is óók een uitwas van wat zij destijds in beweging hebben gezet – zij zijn hiermee begonnen.

# De toekomst die maar niet kwam

Susan Brownmiller is nooit een fan geweest van water bij de wijn. In 1976, kort nadat ze als vrouw van het jaar op het omslag van *Time* had gestaan, vroeg een interviewer haar naar haar ideeën over het huwelijk. Brownmiller, een van de eerste, meest welbespraakte en betrokken voor-vechtsters van vrouwenrechten, antwoordde: 'Ik zou graag een verbintenis aangaan met een man wiens werk ik res-pecteer,' om te vervolgen dat het er nog niet van gekomen was.[1] 'Ik ben niet van plan water bij de wijn te doen,' ver-klaarde ze. 'Andere vrouwen zijn... hun behoefte is mis-schien groter.'

Met water bij de wijn doen bedoelde ze niet wat wij daar tegenwoordig mee bedoelen: genoegen nemen met een man die te weinig verdient of te veel haar op zijn rug heeft. De strijd voor seksegelijkheid was de kern van haar bestaan, en in die tijd zagen feministen het huwelijk als een verbintenis die vrouwen terugdrong in het gedienstige leven dat hun moeders hadden geleid, terwijl zij voor hun dochters een heel andere toekomst in gedachten hadden. 'Het is verschrikkelijk maar waar,' zei Brownmiller tegen de interviewer, 'maar wat we nu wel zeker weten, en wat mannen twintig, dertig, veertig jaar geleden nog voor ons verborgen probeerden te houden, is dat het niet onze schuld is. Het is hun schuld.'

Brownmiller was een brunette met fijne trekken, die gestopt was met studeren en naar Manhattan gekomen was om actrice te worden. Ze stond in twee off-Broadway stukken, maar uiteindelijk was het toneel toch niets voor haar – ze wilde geen rollen spelen, ze wilde voor zichzelf spreken. De vrouwenbeweging bleek een veel beter podium voor wat ze zelf haar 'theatrale bravoure' en 'radicale gevoel voor drama' noemde.[2] Brownmiller, geboren en getogen in Brooklyn, had altijd een grote prestatiedrang gehad. 'Goed zijn in wat er van me werd verwacht was een van mijn eerste projecten,' schreef ze in *Vrouwelijkheid*, haar bestseller uit 1984.[3] 'Door uit te blinken maakte ik andere mensen trots en gaf ik mezelf houvast.' Na een 'stormachtige puberteit' en een 'stormachtige jongvolwassenheid' koos Brownmiller voor een leven in Greenwich Village en een carrière in de journalistiek.

Brownmiller liet zich onveranderlijk leiden door haar onwankelbare opvattingen, zowel in haar werk als in haar privé-leven. In de vrouwenbeweging waren die twee onlosmakelijk met elkaar verbonden – het persoonlijke was politiek. In het beroemde artikel 'Sisterhood Is Powerful: A member of the Women's Liberation Movement explains what it's all about', dat in 1970 in het *New York Times Magazine* verscheen, schreef Brownmiller: 'Vrouwen als groep hebben nooit een andere groep onderworpen; we zijn nooit een veroveringsoorlog begonnen in naam van het vaderland... dat zijn spelletjes die mannen spelen. *Wij* zien het anders. Wij willen onderdrukker noch onderdrukte zijn. De vrouwenrevolutie is de laatste aller revoluties.'⁴ Brownmiller was niet geïnteresseerd in aanpassingen aan een al bestaand systeem. 'Emancipatie is meer dan een simpel streven naar gelijkheid,' schreef ze. Wat Brownmiller en haar radicale zusters eigenlijk wilden was de omvorming van alle aspecten van de maatschappij – politiek, het zakenleven, opvoeding, seks, liefde, huishoudelijk werk, amusement, wetenschap. En ze geloofden echt dat ze het voor elkaar zouden krijgen.

Hoewel ze later in de allereerste zin van *In Our Time: Memoir of a Revolution* zou bekennen dat ze er 'in het begin nog niet bij was', raakte Brownmiller al heel vroeg bij de vrouwenbeweging betrokken. In september 1968 ging ze voor het eerst naar een bijeenkomst van de groep die later de New York Radical Women zou worden. Zoals de meeste aanwezigen had Brownmiller ervaring met actie voeren; twee zomers lang had ze in Mississippi vrijwilligerswerk gedaan voor de burgerrechtenbeweging. Maar in de burgerrechtenbeweging speelden vrouwen, net als in de vredesbeweging en de studentenbeweging en Nieuw Links in het algemeen, een ondergeschikte rol. 'Milieu, opleiding, ideologie en ervaring maakten de vrouwen van Nieuw Links bij uitstek geschikt voor een gelijkwaardige rol. Maar hun ervaringen in de nationale beweging waren verwarrend, ergerlijk,' schrijft sociaal historicus Todd

Gitlin in *The Sixties: Years of Hope, Days of Rage*. 'Mannen zochten hen op, wierven hen aan, namen hen serieus, prezen hun intelligentie – en degradeerden hen vervolgens langzaam maar zeker tot vriendin, echtgenote, notuliste, koffiejuffrouw.'⁵ Stokely Carmichael, leider van de Black Power-beweging, maakte het er niet beter op met zijn beruchte opmerking over de Student Nonviolent Coordinating Committee (een studentenbeweging tegen geweld tegen zwarten): 'De positie van vrouwen binnen de SNCC is voorover gebogen.'⁶

Dus begonnen vrouwen zonder mannen, als zusters, bij elkaar te komen voor 'bewustwording'. Het was een techniek die ze afkeken van Mao Zedong en de gespreksgroepen waarin boeren tijdens de Chinese revolutie werden aangemoedigd hun gal te spuien, waarover elke rechtgeaarde activist las in *Fanshen*, een boek van William Hinton over hoe dorpelingen in de provincie Shanxi de bevrijdende boodschap van het communisme tot zich nemen en de ketenen van de burgerlijke maatschappij van zich afwerpen. De belangstelling voor het feminisme had al een belangrijke impuls gekregen toen Betty Friedan in 1963 *De mystieke vrouw* uitbracht en vervolgens de National Organization for Women (NOW) oprichtte. Maar de vrouwen die zich tot dergelijke bewustwordingssessies aangetrokken voelden waren van een ander slag. 'Friedan, de moeder van de beweging, en de beweging waarvan zij het gezicht was, werden hopeloos burgerlijk gevonden,' schreef Brownmiller.⁷ 'De nadruk die NOW legde op verandering door middel van wetgeving liet de radicalen koud.' Friedan en haar volgelingen hadden gevochten voor cosmetische verbeteringen, zoals de desegregatie van de per-

soneelsadvertenties in de *New York Times*, die vroeger
uiteenvielen in twee categorieën ten einde 'vrouwenwerk'
te onderscheiden van serieus werk. Maar Brownmiller was
uit op iets groters, iets minder overzichtelijks: de omverwerping van het patriarchaat, niet alleen op de werkvloer
en beginnend in de hoofden en slaapkamers van de Amerikanen – verandering van binnenuit.

Brownmiller herinnert zich de avond van 22 januari
1973, nadat het Hooggerechtshof uitspraak had gedaan in
de zaak Roe versus Wade en zo abortus had gelegaliseerd,
als het moment waarop ze het meest optimistisch was over
het succes van de beweging. 'Het momentum was groots,
en die zaak was het hoogtepunt,' zegt ze drie decennia later. 'We hadden het gevoel dat alle vrouwen naar ons luis-
terden. Het was een fantastisch gevoel – dat je de aandacht
van het hele land had. Het Hooggerechtshof had kunnen
zeggen: "Jullie zijn maar een klein groepje vrouwen op le-
gerkistjes." Maar dat zeiden ze niet.'[8]

Toen de uitspraak bekend werd, toog de voorhoede van
de vrouwenbeweging in New York naar Mother Courage,
een feministisch restaurant in West Eleventh Street, om de
grootste overwinning uit hun geschiedenis te vieren. Het
was in dezelfde maand dat president Richard Nixon de
laatste Amerikaanse troepen uit Vietnam terugtrok. Het
restaurant was maar een paar straten verwijderd van het
herenhuis dat was opgeblazen door de Weathermen, een
radicale anti-oorlogsbeweging die was voortgekomen uit
de resten van wat ooit de grootste protestbeweging van
het land was geweest, de Students for a Democratic Society. De Weathermen hadden per ongeluk hun eigen hoofd-
kwartier de lucht in laten vliegen toen ze bommen aan het

maken waren, bedoeld voor doelwitten als de kazerne Fort Dix en het Capitool in Washington, dat ze in de winter van 1971 met succes aanvielen. Jaren later zei voormalig Weatherman Bill Ayers tegen documentairemakers Sam Green en Bill Siegel: 'Ik wilde mijn steentje bijdragen aan wat volgens mij een serieuze en langdurige opstand zou worden, een opstand die niet alleen een einde aan de oorlog zou kunnen maken, maar ook het hele kapitalistische systeem omver zou werpen en daarvoor in de plaats iets veel menselijkers zou stellen.'[9] De revolutie hing in de lucht en de overwinning leek nabij.

Mother Courage was een kleine, groezelige lunchroom die door Jill Ward en Dolores Alexander was opgeknapt, versierd met feministische kunst en ingericht met ruwe houten tafels. Het eten was eetbaar, volgens iedereen die het weten kan. 'We serveerden een mix van Italiaanse, Franse en Amerikaanse gerechten,' zegt Alexander. 'Continentaal, noemde ik het voor de grap.' Mother Courage was een matig restaurant, maar het was een culturele sensatie. In die tijd was het wereldberoemd, een plek waar feministen samenkwamen. 'We begonnen het restaurant omdat het ons de kans bood het feminisme in de praktijk te brengen en er nog van te kunnen leven ook,' zegt Alexander, die tevens de eerste directeur van NOW was geweest. 'Het was een verpletterend succes. De hele wereld kwam bij ons langs. We hebben Kate Millet en Gloria Steinem en Susan Sontag gehad... Friedan is godzijdank nooit binnen geweest, want wij waren gebrouilleerd. Maar verder kwam iedereen. Iedereen die iets voorstelde.'

Die avond bij Mother Courage bestelde Susan Brownmiller kalfsrollade; ze dronk een heleboel wijn en sprak met *iedereen*. 'Dat waren mooie tijden,' zegt ze. 'We wisten nog niet dat abortus vervolgens dertig jaar lang onder vuur zou liggen.'[10]

'Het was zo'n uitbundige avond,' zegt Ward. 'De mensen stroomden binnen. Ze wilden feesten met andere vrouwen en de zaak zat bomvol. Het was betoverend, ik krijg nog steeds kippenvel als ik eraan denk.' Het was een avond vol zusterlijke magie; een avond waarop de gezamenlijk gevoerde strijd voor de bevrijding van vrouwen niet alleen de moeite waard leek, maar ook definitief op weg naar succes. 'Er heerste zo'n luidruchtige uitgelatenheid waarbij je gewoon staat te springen van blijdschap,' zegt Ward. 'Omdat het zo'n lange, moeilijke strijd was geweest en iedereen er direct of zijdelings bij betrokken was geweest, of je nu lid was van NARAL of brieven had geschreven of mee had gedaan aan bewustwordingsgroepen, wat dan ook. Die abortusoverwinning was volgens mij een alles bepalend moment.'[11]

In iets meer dan een decennium gebeurde er een groot aantal zaken die het leven van Amerikaanse vrouwen voorgoed zouden veranderen. In 1960 werd de anticonceptiepil op de markt gebracht. In 1963 nam het Congres de Equal Pay Act aan, een wet die bepaalde dat mannen voor hetzelfde werk niet langer meer betaald mochten krijgen dan vrouwen. De Civil Rights Act van 1964 verbood discriminatie op grond van ras, sekse en godsdienst, en verbood bedrijven onder andere om bepaalde banen voor mannen of vrouwen te reserveren en zwangere vrouwen te ontslaan. In 1966 werd de National Organization for Women opgericht, in 1969 de National Organization for the Repeal of

Abortion Laws (NARAL, inmiddels omgedoopt in National Abortion Rights Action League). De eerste druk van
de feministische klassieker *Je lichaam, je leven* verscheen
in 1970 en werd hét voorlichtingsboek voor feministen en
andere progressievelingen. De richtinggevende bloemlezing *Sisterhood is Powerful*, onder redactie van de feministische dichteres Robin Morgan, verscheen in datzelfde
jaar. In 1972 bekrachtigde het Hooggerechtshof met zijn
uitspraak in de zaak Eisenstadt versus Baird het recht van
ongetrouwde mensen op anticonceptie en werd het Equal
Rights Amendment door beide huizen van het Congres
aangenomen. (Ratificatie van het ERA, een amendement
op de grondwet dat de rechtsgelijkheid tussen mannen
en vrouwen moest regelen, werd tien jaar later door drie
staten tegengehouden.) Uiteindelijk, in 1973, was er 'Roe
versus Wade'.

Veel van deze gebeurtenissen werden beschouwd als
overwinningen voor twee revolutionaire bewegingen, die
allebei een enorme invloed hadden op het leven van Amerikaanse vrouwen: het feminisme en de seksuele revolutie.
Voor een belangrijk deel overlapten deze bewegingen elkaar. Veel mensen zetten zich voor beide zaken in en aanvankelijk trokken ze vaak gezamenlijk ten strijde. Maar na
verloop van tijd ontstond er een scheuring tussen de twee
bewegingen. En een deel van de onderwerpen die hen uit
elkaar dreven zou ook een splijtzwam binnen de vrouwenbeweging zelf worden.

Een van de eerste kerndoelen van het feminisme was
de bevordering van seksueel genot voor vrouwen. De eerste die dit hardop zei was Anne Koedt, samen met Susan
Brownmiller lid van New York Radical Women, die een

essay schreef getiteld 'The Myth of Vaginal Orgasm'. Het verscheen in 1968 in *Notes from the First Year*, een bundel geschriften van de Radical Women, die ze voor vijftig cent aan vrouwen en voor een dollar aan mannen verkochten. 'De vagina is geen hypergevoelig gebied en fysiologisch niet toegerust voor een orgasme,' schreef Koedt. 'We moeten er vanaf nu op staan dat als een seksuele houding of techniek die "standaard" heet niet bevorderlijk is voor een orgasme van beide partijen, die houding of die techniek niet langer "standaard" is.' Destijds was dit een radicale en zeer bedreigende uitspraak.

Acht jaar later werd Koedts opvatting bevestigd door de feministische sociologe Shere Hite, in haar bestseller *Het Hite rapport: een studie over de seksualiteit van de vrouw.* Hite verspreidde 100.000 vragenlijsten onder vrouwen in alle delen van het land en vroeg hun uitgebreid naar hun seksleven, en in het bijzonder naar de manier waarop ze een orgasme kregen. Zeventig procent van de 3019 vrouwen die reageerden zeiden dat ze geen orgasme kregen van geslachtsgemeenschap, wat zeer in tegenspraak was met de leer van Freud en de wijd verbreide overtuiging dat recht-op-en-neer-seks bevredigend was voor de hele mensheid.[12] Het was een zware klap voor het mannelijk ego, om nog maar te zwijgen van zijn penis. Maar de nieuwe voorstelling van seksueel genot als een belangrijk deel van het leven – iets om voor te knokken en over te praten – en het idee dat seksuele vrijheid uiteindelijk een politieke kwestie was, hoorden zowel bij het feminisme als bij de seksuele revolutie.

Ook Hugh Hefner, die in 1953 met *Playboy* was gekomen, probeerde zich een nieuwe voorstelling van de sekserollen te maken en de seksuele moraal te beïnvloeden. Inmiddels zien we hem vaak als een veredelde vieze ouwe vent, maar in die tijd had Hefner een missie. (Wie niet?) Hefner verzette zich tegen 'onze barbaarse anti-seksualiteit, onze duistere anti-erotiek', zoals hij in 1967 tegen het tijdschrift *Look* zei.[13] Behalve uitgever van *Playboy*, wat volgens Hefner net zoiets was als 'met een vrijheidsvlag zwaaien, als "revolutie" schreeuwen onder een dictatuur', was hij geldschieter bij tal van rechtszaken gericht tegen wetten die zijn idee van een gezonde seksualiteit in de weg stonden.

'Roe versus Wade' en de legalisering van de anticonceptiepil, beide van groot belang voor het feminisme, werden beide vooruit geholpen met geld van Hefner. In 1970 nam de Playboy Foundation Cyril Means in de arm, hoogleraar staatsrecht aan de universiteit van New York, om als *amicus curiae* ('vriend van het hof') op te treden in twee abortuszaken: 'Doe versus Bolton' in de staat Georgia en 'Roe versus Wade' in Texas. Beide zaken werden uiteindelijk voor het Hooggerechtshof gebracht en mondden uit in het arrest van 1973.

De Playboy Foundation stopte ook geld in NOW's fonds voor rechtsbijstand en onderwijs en steunde het Equal Rights Amendment; Hefner organiseerde persoonlijk een feest in het Playboy Mansion om fondsen te werven. 'Ik was een feminist voordat het feminisme bestond!' heeft Hefner wel eens gezegd.[14] Een gemeenschappelijke vriend heeft ooit geprobeerd hem te koppelen aan Gloria Steinem, voor ze beroemd werd. (Het werd niets.)

Vanwege zijn inspanningen voor wetswijzigingen en de ontspannen houding tegenover seks, naakt en niet-monogame relaties die hij uitstraalde in zijn tijdschrift, zijn clubs en zijn privé-leven, wordt Hefner door veel mensen als dé held van de seksuele revolutie beschouwd. Hefner bond de radicale culturele elite aan zijn blad. Bijdragen kwamen van Lenny Bruce, Jack Kerouac en Alex Haley, wiens *Playboy*-interview met Malcolm X, de leider van de Nation of Islam, de weg bereidde voor zijn boek *Autobiography of Malcolm X*. Natuurlijk waren er ook linkse mannen die het Playboy-rijk niet bijster interessant vonden. Aan het eind van de jaren zestig probeerde Hefner cartoonist Robert Crumb voor zijn blad te strikken – tevergeefs. Crumb, die de hoes van Janis Joplins elpee *Cheap Thrills* ontwierp en klassieke strips als Fritz the Cat tekende, heeft wel eens gezegd dat hij het Playboy Mansion 'tamelijk onwezenlijk en saai [vond]... Ik vond het platvloers. En de meisjes kwamen amper menselijk op me over; ik kon geen woord met ze wisselen.'[15] Maar de doorsnee Amerikaanse man liet zich moeiteloos inpakken door Hefners libertijns hedonistische aanbod: vergeet je complexen en je puriteinse schuldgevoel en pak wat je altijd al hebt willen hebben.

Behalve een succesvol merk schiep Hefner ook een nieuw beeld van mannelijkheid, een nieuwe man zelfs; een man die niet langer de stoere jager hoefde te zijn, het gezinshoofd als rots in de branding van de jaren veertig en vijftig. Hij werd omgevormd tot een charmante heer in een kasjmier trui, die drankjes mixte, naar platen luisterde en genoot van 'de goede dingen des levens', zoals jazz en mooie vrouwen. Hij werd losgemaakt van het gezin. Het feministische concept van de geëmancipeerde vrouw had wel iets met deze man gemeen. Ze hoefde niet meer te sloven in de keuken, in dienst van haar gezin; voortaan zou ze alleen nog maar zichzelf zijn, een onafhankelijke vrouw. Ze werd losgemaakt van het gezin.

Maar verder dan een afkeer voor conventionele gezinsvormen en repressieve wetten ging Hefners ideologische verwantschap met de vrouwenbeweging niet. In 1967 vroeg de Italiaanse journaliste Oriana Fallaci Hefner waarom hij een konijn gekozen had als symbool voor zijn bedrijf. Hij antwoordde:

> In Amerika heeft het konijn een seksuele betekenis, en ik heb het gekozen omdat het een onschuldig dier is, schuw, levendig, dartel – sexy. Eerst ruikt hij je, dan vlucht hij weg, dan komt hij weer terug, en je hebt zin om hem te aaien, met hem te spelen. Een meisje is net een konijntje. Vrolijk, grappig. Denk maar eens aan het soort meisje dat wij populair hebben gemaakt: de Playmate van de maand. Dat is geen werelds type, het soort meisje dat je toch nooit kunt krijgen. Het is een jong, gezond, eenvoudig meisje – je buurmeisje als het ware… we zijn niet geïnteresseerd in geheimzinnige, moeilijke vrouwen, de femme fatale die mooi ondergoed draagt, veel kant, die niet gelukkig is en een verdorven geest heeft. Playboy-meisjes dragen geen kant, geen ondergoed, ze is naakt, fris gewassen met water en zeep, en ze is blij.[16]

Van zulke uitspraken kregen feministen uiteraard braakneigingen. Zij vochten er juist voor om als *echte mensen* gezien te worden, en niet als schattige konijntjes. Ze wilden iedereen laten zien dat vrouwen wél 'moeilijk' en 'werelds' waren, en als het moest ook angstaanjagend.

Hefners seksuele revolutie leek alleen op mannen van toepassing. Vrouwen die net zoveel seksuele ervaring hadden als Hefner zelf, die van mooi ondergoed hielden zoals hij van zijn zijden pyjama's, hadden 'een verdorven geest'. En Hefner verbond regels aan zijn smaak. 'Playboy-meisjes hebben een heel hoge moraal,' zei hij. 'Als een bunny een afspraakje heeft, raakt ze immers haar baan kwijt. Privédetectives zijn er zo achter als ze afspraakjes hebben.' Vrouwen waren bedoeld als versiersel, als amusement, niet als partners in wilde avonturen, en de Playboy-politie zag er streng op toe dat ze meewerkten – dat ze gehoorzaamden. Hefner zei dat hij het niet erg zou vinden als zijn dochter Christie, die toen veertien was, op een dag in *Playboy* zou staan: 'Ik zou het als een compliment voor mij en mijn werk beschouwen.' Maar natuurlijk zou ook een foto van zijn dochter alleen een *suggestie* mogen zijn, geen uiting van een ongebreidelde seksualiteit als die van hem zelf. 'Ik zou het niet leuk vinden als mijn dochter een promiscue leven leidde. Ik zou niet willen dat ze immoreel was.'

De dubbele moraal werd zonder blikken of blozen in zijn filosofie ingebouwd. In het eerste nummer van *Playboy* schreef Hefner in zijn inleiding: 'Als jij iemands zus, vrouw of schoonmoeder bent en je hebt ons per ongeluk in handen gekregen, geef ons dan alsjeblieft door aan de man in je leven en ga terug naar je *Ladies Home Companion*.'[17] De vrije liefde was opbouwend voor een man, immoreel voor een vrouw. Hoewel Hefner zelf een toegewijde seksuele veelvraat was, verlangde hij absolute trouw van zijn 'speciale meisjes'. 'Ik ben niet op zoek naar gelijkwaardigheid tussen man en vrouw,' zei hij. 'Ik hou van onschuldige, lieve, trouwe meisjes.' Inderdaad, hij hield van meisjes zoals je van een konijntje houdt – iets zachts om mee te knuffelen. 'Sociaal, mentaal gezien ben ik liever met mannen. Als ik een gesprek wil, als ik wil nadenken, zoek ik mannen op.'

Tot op de dag van vandaag begrijpt Hefner niet waarom feministen een probleem met hem hadden. Hij houdt vol dat hij de grote bevrijder was, een dappere beeldenstormer die omwille van de mensheid streed tegen bekrompenheid. Zijn tegenstanders zijn moraalridders en preutse tuttebellen. In 2002 zei hij tegen *Esquire*: 'Vooral vrouwen hebben van de seksuele revolutie geprofiteerd... het feminisme had van het begin af aan mee moeten doen. Helaas bestond er binnen het feminisme een puriteinse, prohibitionistische stroming die anti-seksueel was.'[18]

Hij had het over Susan Brownmiller. Ook al had hij niet haar persoonlijk in gedachte toen hij dat zei, Brownmiller was een vooraanstaande vertegenwoordiger van de 'stroming' waar hij het over had. In 1970 waren Hefner en Brownmiller samen te gast in het televisieprogramma de *Dick Cavett Show*, onder andere voor een debat over pornografie. Naarmate het programma vorderde werd Brownmiller tot Hefners verbazing steeds bozer. Het gesprek eindigde ermee dat Brownmiller zei dat hij zélf eens een keertje met een konijnenstaart aan zijn achterste op een podium moest gaan staan; kijken of hij het dan nog steeds zo leuk vond. In 2005 zei Hefner tegen documentairemakers Fenton Bailey en Randy Barbato dat die uitbarsting hem 'met stomheid geslagen' had, aangezien de vrouwenbeweging 'onze bondgenoot was geweest in een revolutie die de seksuele moraal voorgoed veranderd had'.[19] Weliswaar waren ze voor 'Roe' bij elkaar gekropen, maar ze hielden er totaal verschillende wereldbeelden op na en hun definities van seksuele vrijheid waren volstrekt tegengesteld aan elkaar.

Aan het eind van de jaren zeventig richtte een groep prominente feministen, onder wie Brownmiller, Gloria Steinem, Shere Hite, Robin Morgan, de dichteres Adrienne Rich en de schrijfsters Grace Paley en Audre Lorde, de aandacht op de bestrijding van pornografie. Brownmiller was een van de oprichters van de New Yorkse afdeling van een nieuwe groep die zich Women Against Pornography noemde. Ze huurden een winkelruimte in Forty-Second Street en vestigden er hun kantoor. De buurt was vergeven van de peepshows, sekswinkels en prostituees – het *ground zero* van de vrouw als lustobject – en de feministen sloegen er pontificaal hun tenten op, in de hoop er het evangelie van de vrouwenemancipatie te verspreiden en de wijk schoon te vegen. Natuurlijk organiseerden ze demonstraties en protestbijeenkomsten, maar het handelsmerk van Women Against Pornography waren de rondleidingen door de buurt, bedoeld om de vernedering van de vrouwen aanschouwelijk te maken. Benedictijnse nonnen namen ze mee naar een seksclub, of ze gingen met een groep nieuwsgierige huisvrouwen naar een pornowinkel, zodat ze met eigen ogen konden zien waar hun man in de garage in zat te bladeren. Women Against Pornography leidde zelfs schoolklassen rond.

'Pornografie is de theorie, verkrachting is de praktijk,' was een van hun slogans, gemunt door Robin Morgan. Het idee achter deze kreet was ook een thema in Brownmillers eerste boek. In 1975, na vier jaar van onderzoek en schrijven, gecombineerd met haar drukke werk als activiste en journaliste, verscheen Brownmillers *Tegen haar wil: mannen, vrouwen en verkrachting*. Het werd een bestseller, een van de klassiekers van de vrouwenbeweging. *Tegen haar wil* was de eerste uitvoerige studie van het fenomeen verkrachting dat ooit verschenen was. In haar boek betoogde Brownmiller dat verkrachting niet slechts een op zichzelf staande misdaad was, zoals een roofoverval of moord, maar een systematisch proces van demoralisatie. Natuurlijk weten we inmiddels dat verkrachting een wrede tactiek is die in oorlogstijd door legers wordt toegepast, of door dictatoriale regimes die hun eigen volk proberen klein te krijgen. Maar Brownmiller ging nog veel verder. Zoals altijd ging ze uit van een diepgevoelde, onwankelbare overtuiging: verkrachting was 'niets meer of minder dan een bewuste vorm van intimidatie waarmee *alle mannen alle vrouwen* in angst gevangen houden'. Verkrachters waren niets anders dan de 'voorhoede van de stoottroepen' in de oorlog tegen vrouwen, 'guerrillastrijders in de langstdurende strijd die de wereld ooit heeft gekend'. En pornografie was de 'onversneden essentie van de anti-vrouwelijke propaganda' waarmee ze werden opgehitst.

Brownmiller schreef: 'Ik vraag me af of de burgerrechtenbeweging haar standpunt [inzake pornografie] zou veranderen als de boekwinkels en bioscopen in Forty-Second Street in New York morgen opeens niet meer aan verkrachting en marteling van vrouwen gewijd zouden zijn, zoals nu het geval is, maar in dienst zouden staan van een systematische, commercieel succesvolle propaganda die het vergassen van joden of het lynchen van zwarten aanprijst. Is dit een extreme vergelijking? Niet als je een vrouw bent die zich bewust is van de altijd aanwezige dreiging van verkrachting.'

Niet alleen Hugh Hefner vond dit standpunt 'anti-seksueel'. De vraag hoe seks te verbeelden – zelfs de vraag hoe aan seks te *doen* – verdeelde de vrouwenbeweging. Er ontstonden twee facties, die het hartstochtelijk met elkaar oneens waren. Aan de ene kant waren er de feministen die tegen porno waren, aan de andere kant de vrouwen die vonden dat als feminisme over vrijheid voor vrouwen ging, vrouwen ook vrij moesten zijn om naar porno te kijken of eraan mee te doen. Met het uitbreken van de 'porno-oorlogen' aan het einde van de jaren zeventig werden verhitte krijspartijen een vast onderdeel van feministische bijeenkomsten.

In die tijd werd de term 'seks-positieve feministe' voor het eerst gebruikt, door leden van de vrouwenbeweging die zich wilden onderscheiden van de anti-pornofactie. Maar natuurlijk beschouwden álle feministen zich als seks-positief. Brownmiller en haar medestanders vonden dat ze vrouwen bevrijdden van vernederende seksuele stereotypen en een cultuur van mannelijke overheersing en daardoor juist ruimte maakten voor meer seksueel plezier voor vrouwen. Haar tegenstanders dachten zich te moeten verzetten tegen een nieuw soort repressie in de eigen gelederen. 'Soms werd er een emotioneel beroep op de vrijheid van meningsuiting gedaan, maar tot onze verbijstering zagen we ook vrouwen die zich identificeerden met de SM-beelden die wij zo vernederend vonden,' schreef Brownmiller. 'Ze zeiden dat wij hun gedachten en hun gedrag veroordeelden, en waarschijnlijk was dat ook zo.' Iedereen streed voor de vrijheid, maar als het over seks ging, betekende vrijheid voor verschillende mensen heel verschillende dingen.

De kloof werd nog dieper toen Catherine MacKinnon, een radicaal feministische rechtsgeleerde aan de universiteit van Minnesota, en Andrea Dworkin, een gastdocente met een voorliefde voor tuinbroeken en auteur van de controversiële boeken *Woman Hating* (1974) en *Pornography: Men Possessing Women* (1981), een voorstel deden voor een plaatselijke verordening die porno, als schending van de burgerrechten van vrouwen, verbood. De burgemeester van Minneapolis sprak er tot twee keer toe zijn veto over uit, maar Dworkin en MacKinnon werden wel opgetrommeld door de conservatieve gemeenteraad van Indianapolis, Indiana, die de stad maar al te graag van vunzigheid wilde ontdoen en de hulp van de feministen wel kon gebruiken. De gemeenteraad en de Republikeinse burgemeester van Indianapolis, William Hudnut, waren fel tegen belangrijke feministische idealen als het recht op abortus en gelijke rechten voor mannen en vrouwen, maar Dworkin en MacKinnon maakten zich zo kwaad om wat ze zagen als een aanval op de vrouwelijke waardigheid dat ze toch met de conservatieven in zee gingen.

Dworkin was een voormalige prostituee die door haar man was mishandeld en door artsen seksueel was misbruikt nadat ze in 1965 in New York bij een demonstratie tegen de oorlog in Vietnam was gearresteerd en naar de vrouwengevangenis gebracht. In 1995 zei ze tegen de Engelse schrijver Michael Moorcock: 'Ik verdiepte me in pornografie omdat ik wilde begrijpen wat mij was overkomen. En ik kwam een heleboel te weten, over macht en mechanismen waarmee de ondergeschiktheid van vrouwen wordt geseksualiseerd.'[20] De verordening die ze samen met MacKinnon had opgesteld werd in Indianapolis in 1984 aangenomen. Korte tijd later verklaarden federale rechtbanken de bepaling ongrondwettelijk. Maar veel feministen hebben Dworkin en MacKinnon, en met hen alle leden van de anti-pornofactie, nooit vergeven dat ze zich voor het karretje van rechtse politici hebben laten spannen. In hun ogen bewees dit eens te meer dat hun beweging bedreigd werd door preutsheid en kleingeestig moralisme.

'Opeens was pornografie de vijand... was seks in het algemeen de vijand!' zegt Candida Royalle, toen een sekspositieve feministe, nu regisseur van pornofilms voor een vrouwelijk publiek. 'Op een bepaalde manier werd de vrouwenbeweging ingelijfd. Volgens mij was dat het moment waarop de MacKinnonieten en de Dworkinieten een stevige voet tussen de deur kregen. En vergeet niet, Dworkin was degene die zei dat geslachtsgemeenschap een vorm van verkrachting is, niets anders kán zijn dan een vorm van verkrachting.'[21]

Royalle is niet de enige die Dworkins werk zo interpreteert: zowel *Playboy* als *Time* hebben dit denkbeeld aan haar toegeschreven. Dworkin op haar beurt, heeft verklaard dat dit niet de boodschap is die ze had willen overbrengen. In het voorwoord bij de tiende druk van haar boek *Paren* beschreef ze waarom een denkbeeldige (mannelijke) lezer per abuis zou kunnen denken dat zij beweerde dat geslachtsgemeenschap hetzelfde is als verkrachting:

> Als iemands seksuele ervaring altijd en zonder uitzondering gebaseerd is geweest op dominantie – niet alleen daadwerkelijk maar ook op metafysisch en ontologisch

niveau – hoe moet die iemand dit boek dan lezen? Het einde van de mannelijke dominantie zou, in de ogen van zo'n man, tegelijk het einde van seks betekenen. Als je het machtsverschil hebt geërotiseerd en geweld een natuurlijk en onvermijdelijk deel van de geslachtsgemeenschap is, hoe zou je dan moeten begrijpen dat dit boek niet beweert dat alle mannen verkrachters zijn en dat gemeenschap altijd verkrachting is? Gelijkheid op het gebied van seks is een antiseksueel idee als seks dominantie vereist teneinde als sensatie te worden herkend. Hoe jammer ik het ook vind, de beperkingen van de oude Adam, en de materiële macht die hij, vooral in de media, nog steeds heeft, hebben het publieke debat (door zowel mannen als vrouwen) over dit boek ernstig gehinderd.[22]

Volgens mij is Dworkin hier niet helemaal eerlijk. De vooroordelen over haar werk hebben ook iets te maken met haar extreme uitlatingen, die mensen nogal eens afschrikken. Neem bijvoorbeeld dit fragment uit haar artikel 'Dear Bill and Hillary', dat in 1998 in de Engelse krant *The Guardian* verscheen:

> Bill Clintons fixatie op orale seks – niet-wederkerige orale seks – brengt vrouwen ten opzichte van hem telkens in een onderworpen positie. Het is de meest fetisjistische, harteloze, koude vorm van seks die je je maar kunt voorstellen... Ik ben zo vrij een voorstel te doen. Ik zal me de FBI wel op de hals halen, maar ik vind dat Hillary Bill moet doodschieten, en dat president Gore haar dan gratie moet verlenen.[23]

Hier had Candida Royalle niet op gerekend. In haar late tienerjaren was ze bij de vrouwenbeweging betrokken geraakt. Ze deed mee aan bewustwordingsgroepen in de New Yorkse wijk de Bronx, waar ze ook gratis klinieken opzette waar vrouwen uit de buurt terecht konden voor uitstrijkjes en vaginale onderzoeken. Voor Royalle betekende het een ironische teleurstelling toen de vrouwenbeweging een richting insloeg die voelde als anti seks. Een van de belangrijkste dingen die zij zelf namelijk aan het feminisme te danken had, was een veel betere band met haar eigen lichaam, met één deel daarvan in het bijzonder. 'Veel meisjes groeien op zonder te weten dat ze een clitoris hebben,' zegt ze. 'Ik weet nog dat ik de allereerste editie van *Je lichaam, je leven* las, en door dat boek begreep ik pas hoe ik een orgasme kon krijgen. Ik had al jaren een vriend met wie ik naar bed ging, en ik snapte nooit waarom het nooit genoeg was! Maar toen zag ik een plaatje in dat boek, en daar stond bij dat als je daar maar lang genoeg over wreef je vanzelf een orgasme kreeg. En ik dacht: dát moet ik proberen. Dat was in die tijd een belangrijk deel van de beweging. Seksuele bevrijding was een groot onderwerp. Helaas is dat veranderd.'

Royalle, inmiddels van middelbare leeftijd, is een opgewekte blondine die gekke brillen draagt en in een ruim appartement in Greenwich Village woont, te midden van tientallen foto's van haarzelf in verschillende fasen van haar leven en met verschillende haarkleuren. 'Ik geloof dat het de zomer van 1970 was dat ik met een vriendin naar Corsica ging. We huurden er brommers en sliepen een nacht in de bergen en namen mescaline; daar zijn een heleboel leuke foto's van,' zegt ze. 'Hier poseer ik, waarschijnlijk hartstikke stoned, met mijn exemplaar van *Sisterhood is Powerful*. Alsof het een bijbel is.' (Niet vergeten: *Sisterhood is Powerful*, de bloemlezing van feministische geschriften, was samengesteld door Robin Morgan, de vrouw van 'Pornografie is de theorie, verkrachting is de praktijk.') 'Het was zo'n leuke tijd, en dat had heel veel met dat zustergevoel te maken,' zegt Royalle. 'Maar alles veranderde. Het werd eigenlijk precies het tegenovergestelde. Het begon na verloop van tijd… je voelde dat er iets aan het verschuiven was. Ik weet nog dat ik het gevoel had dat ik een minderheid aan het worden was, dat ik me niet aan de partijlijn hield omdat ik een vriendje had, alsof ik met de vijand in bed dook. Er was een hele sterke neiging om heteroseksualiteit af te wijzen en de lesbische liefde, of eigenlijk de scheiding der seksen te verheerlijken. Sommige vrouwen zullen dit niet leuk vinden om te horen, maar ik denk dat het veel voorkwam dat vrouwen zeiden dat ze lesbisch waren, terwijl dat eigenlijk helemaal niet zo was. Want zo hoorde het, dat was politiek correct.'

In deze omgeving kreeg Royalle het bijna net zo benauwd als destijds in de jaren vijftig, alleen kwam ze nu in opstand tegen feministische zusters in plaats van een overbeschermend patriarchaat. Ze verruilde New York voor San Francisco, waar ze kunstenaar wilde worden. Ze voorzag in haar onderhoud door model te staan voor andere kunstenaars, wat leidde tot een aanbod om in een film te spelen, wat leidde tot een carrière in de pornografie. 'In die tijd woonde ik met een stel verschrikkelijk onafhankelijke mensen, van die fantastische travestieten. Wc hadden seks met wie we maar wilden. We gebruikten drugs wanneer we maar wilden. Niemand hoefde ons te vertellen hoe we ons moesten gedragen. Dus toen ik geld nodig had en ik de kans kreeg om in een film te spelen, dacht ik helemaal niet van "oef, kan dit eigenlijk wel?" Zo bijzonder was het niet... aids bestond nog niet en wat seks betreft was het nog steeds een avontuurlijke tijd.'

Royalle wist dat haar zusters in de vrouwenbeweging er anders tegenaan zouden kijken. 'Ik ben het contact kwijt-geraakt. Ik wist dat wat ik deed als verraad zou worden opgevat, omdat ik in hun ogen meedeed aan iets dat ver-nederend was voor vrouwen. Het was mijn manier om het andere uiterste op te zoeken,' zegt ze. 'Rebellie tegen die veel te radicale strengheid, die een beweging waar ik van hield veranderde in een club van ouwe tutten die zeiden dat ik geen relaties met mannen mocht hebben.'

Stel je voor hoe Susan Brownmiller zich moet hebben gevoeld. Haar visie was altijd kristalhelder geweest, haar opvattingen robuust. Ze was bij de vrouwenbeweging be-trokken geraakt toen die nog een saamhorige, vastberaden club was die naar verandering streefde, en opeens bevond ze zich in een doolhof van tegenstellingen. Nu had je 'femi-nisten' die met conservatieve Republikeinen samenwerk-ten. Je had 'feministische' pornosterren. Je had 'feminis-ten' die niets met mannen te maken wilden hebben en een extreem luidruchtig contingent sadomasochistische lesbi-sche 'feministen'.

'In het begin had de campagne tegen porno nog iets dappers en ontwapenends, iets van een donquichotachtig vechten tegen windmolens in de beste radicaal-feministi-sche traditie,' schrijft Brownmiller in *In Our Time*. Maar uiteindelijk liep de beweging er volledig in vast. 'Vrouwen ruzieden over de vraag van wie het feminisme was, wie recht had op het handelsmerk en in naam van het feminisme mocht spreken, en natuurlijk was er helemaal geen handelsmerk.' Ooit hadden de zusters samen sterk gestaan, maar interne ruzies en verwijten putten de beweging uit. Vrouwen begonnen zich ervan af te keren. 'Ironisch genoeg was de strijd tegen porno de laatste stuiptrekking van het radicale feminisme,' schrijft Brownmiller. 'Sindsdien heeft geen enkel onderwerp de gemoederen meer zo verhit.'

Op de website van de groep CAKE staat: 'In de nieuwe seksuele revolutie komen seksuele gelijkheid en feminisme eindelijk bij elkaar.' CAKE organiseert maandelijkse feesten in New York en Londen waar vrouwen hun seksualiteit kunnen 'ontdekken' en het 'feminisme in actie' kunnen zien. Ze klagen: 'Vroeger, toen de strijd tegen seksueel misbruik de hoogste prioriteit had, had het feminisme de neiging om seks als het kwaad te zien.'²⁴ Daar wil CAKE verandering in brengen. Initiatiefnemers Emily Kramer en Melinda Gallagher voeren Hugh Hefner op als een held.

CAKE-feesten baren zoveel opzien dat ze in 2004 voorkwamen in een aflevering van *Law & Order* – maar dan als *Tart*-feesten, wat eigenlijk een veel betere benaming is. (Een *tart* is een vruchtengebakje, maar ook een sloerie. In een interview met het programma *20/20* zeiden Kramer en Gallagher dat ze voor de naam *cake* (taart) hadden gekozen omdat het een slangwoord voor de vrouwelijke geslachtsdelen is en de associatie oproept met 'zacht, zoet, sexy, iets kleverigs en lekkers.'²⁵) Tienduizenden mensen hebben zich geregistreerd op de website, er is een webwinkel met kleding en vibrators, er is een CAKE-boek met recepten voor vrouwelijk seksueel genot.

CAKE is ook een soort hyperseksuele vrouwensociëteit. Om lid te worden moet je honderd dollar betalen en een gelofte afleggen in de vorm van een opstel. Als je geaccepteerd bent krijg je op gezette tijden e-mails van de oprichters, zogenaamde CAKE Bytes, met commentaar op van alles en nog wat, van de aanslagen van de regering-Bush op het recht op abortus tot de zwakke punten van *Sex and the City.*[26] Kramer en Gallagher houden zich ook bezig met ouderwets actievoeren – zo zijn ze op 25 april 2004 met een bus vol vrouwen naar Washington gegaan voor de March for Women's Lives – maar de feesten hebben hen bij het grote publiek bekend gemaakt.

Thema's lopen uiteen van 'striptease-a-thons' tot porno, en de feesten worden gegeven op dure locaties zoals de W Hotels en nachtclubs in Londen en Manhattan. CAKE haalde de voorpagina van de *New York Post* met een van de eerste feesten in 2001, toen twee gasten, de pornoacteurs Marie Silva en Jack Bravo, geslachtsgemeenschap en orale seks hadden in CAKE's speciale 'Freak Box', een stalen hok met een camera erin, zodat iedereen op het feest de actie op grote schermen kan volgen.[27]

In het najaar van 2003 organiseerden ze in een club in Manhattan een feest dat 'CAKE Underground' heette.[28] Volgens de uitnodiging was het een kans om 'IN HET ECHT de verwerkelijking van de seksuele wensen van vrouwen te zien'.

Ze hadden een lilliputter in de arm genomen om de lift te bedienen. De woorden 'exhibitionisme' en 'voyeurisme' en de letters XXX waren op de muren van de club geprojecteerd. *The hos they wanna fuck*, baste 50 Cent uit de geluidsboxen. Bij de ingang kreeg ik een sticker met een stel vrouwenheupen en -dijen erop, gekleed in jarretels en netkousen, met daaronder de woorden: 'VRAAG ME: of ik weet waar mijn G-plek zit.' (Ik heb er verrassend veel moeite mee om de topografie van mijn vagina met vreemden te bespreken, dus al wilde de vrouw met staartjes bij de deur het nog zo graag, ik plakte de sticker niet op.)

Gallagher, een oogverblindende dertiger met lang, kastanjebruin haar en de bouw van een wat klein uitgevallen fotomodel, en Kramer, die punkachtige kleren droeg en oplettend om zich heen keek, hebben het deurbeleid van de vroege anti-verkrachtingsbijeenkomsten van de vrouwenbeweging overgenomen: mannen betalen het dubbele en moeten door een vrouw vergezeld worden. Dat had geen nadelig effect op het aantal mannen in de club. De zaal was afgeladen met vrouwen in nietsverhullende kleding of alleen maar lingerie en jonge mannen in spijkerbroek en overhemd die niet wisten wat ze overkwam.

Een blond meisje in een wit bontjasje over een roze kanten beha sabbelde aan een lolly terwijl ze op haar wodka ($11) stond te wachten. Een vent van voor in de dertig, met een net pak maar zonder stropdas, vroeg haar: 'Heb je wel eens een triootje gedaan?'

'Wát?' zei ze. Toen besefte ze dat hij alleen maar voorlas wat er op de VRAAG ME-sticker op haar rechterborst stond. 'Sorry,' zei ze. 'Ja, ik heb het ook wel eens met z'n vieren gedaan.'

Rond elf uur betrad een groep CAKE-danseressen het podium in het midden van de enorme zaal. Ze droegen leren dijlaarzen, netkousen en satijnen ondergoed in de kleur van suikerspin en heldere luchten.

In het begin stonden ze te heupwiegen als doorsneeclubbezoekers. Maar toen liet de televisieploeg die op bezoek was de camera lopen, en op het moment dat de lampen op de danseressen gericht werden, begonnen ze als bezetenen tegen elkaar op te rijden. Een blonde vrouw met onwaarschijnlijk grote borsten boog meteen voorover en een danseres met een hanenkam begon haar kruis tegen de billen van de blondine aan te wrijven.

Veel, heel veel mannen dromden rond het podium, en de meeste pompten met een vuist in de lucht op het ritme van de muziek en de verrichtingen van de vrouwen.

'De vrouwen hier zijn veel heter dan op het laatste feest,' zei een muizige jonge vrouw in een mantelpakje tegen haar vriendin, die er ook al uitzag alsof ze rechtstreeks uit haar werk kwam.

'Vind je? Moet je die zien,' zei de vriendin, wijzend naar Hanenkam. 'Zo plat als een dubbeltje!'

Een vijfentwintigjarige secretaresse met mooie groene ogen en een hoge paardenstaart liet haar blik heen en weer gaan tussen de danseressen op het podium en haar ex-vriendje, die met een grote grijns op zijn gezicht met een slanke vrouw in een zwarte beha stond te praten. 'Wat moet ik doen?' zei ze. 'Moet ik naar hem toe gaan? Zal ik naar huis gaan?'

De volgende dag belde ik haar rond één uur op haar werk op. (Ze had zo'n kater dat ik de alcohol bijna door de telefoon heen kon ruiken.) 'Hij is met dat meisje naar huis gegaan,' zei ze. 'Ik ben nog tot heel laat gebleven. Mijn vriendin en ik zijn heel dronken geworden en hebben het zo'n beetje met zeven mensen gedaan. Bijna allemaal meisjes. De jongens keken alleen maar toe. Jasses.'

Veel conflicten tussen de vrouwenbeweging en de seksuele revolutie en binnen de vrouwenbeweging zelf zijn dertig jaar geleden onopgelost gebleven. Wat we nu zien is de neerslag van die verwarring. CAKE is een voorbeeld van de bizarre manier waarop mensen over de tegenstellingen uit het verleden heen kijken, doen alsof die tegenstellingen nooit bestaan hebben en met elkaar strijdige ideologieën mengen tot een onsamenhangend, plat feminisme.

Voor een deel is dit een vorm van rebellie tegen de voorgaande generatie. Door de ranzigheid zonder blikken of blozen te omarmen, maken jonge vrouwen een lange neus naar het intense fanatisme van de feministen van de tweede golf (waartoe ook de moeders van Kramer en Gallagher behoren). Niemand wil zo worden als haar moeder. Bovendien kan deze generatie het zich veroorloven om minder militant te zijn dan Susan Brownmiller en haar medestanders, want de wereld is intussen veranderd. In hun boek *Manifesta: Young Women, Feminism, and the Future* (2000) verklaren Jennifer Baumgardner en Amy Richards, de voormalige assistente van Gloria Steinem, dat ze anders zijn dan hun 'serieuze zusters van de jaren zestig en zeventig' omdat ze leven in een tijd waarin 'het feminisme een stevige en organische greep heeft op het leven van vrouwen.'[29]

Maar bimbofeminisme is niet alleen maar rebellie. Het is ook een rommelige poging om het werk van de vrouwenbeweging voort te zetten. 'Of ze nu vrijwilligerswerk doen in een wegloophuis, naar een hogeschool voor vrouwen gaan, meelopen in een demonstratie voor vrouwenrechten of dansen in een seksclub,' schrijven Baumgardner en Richards, 'overal waar vrouwen samenkomen, is de kans groot dat individuele vrouwen, en zelfs de locatie zelf, geradicaliseerd raken.' Ze leggen niet uit wat 'geradicaliseerd' voor hen betekent, dus we kunnen ons alleen maar afvragen of dit hun manier is om 'bevrijd' of 'seksueel geladen' te zeggen, of dat die twee in hun ogen misschien hetzelfde zijn. In deze nieuwe opvatting van het feminisme is naaktdansen net zo bevorderlijk voor de positie van vrouwen als onderwijs of steun aan slachtoffers van seksueel misbruik. Een feest waar vrouwen onder het toeziend oog van volledig geklede mannen in hun ondergoed tegen elkaar oprijden is opeens onderdeel van hetzelfde project als een mars op Washington voor het recht op abortus. Volgens Baumgardner en Richards zien we in 'tv-programma's (*Xena! Buffy!*)... feminisme in actie' – net zoals CAKE haar feesten aanprijst als 'feminisme in actie'. Afgaande op deze voorbeelden, kun je concluderen dat feminisme in de praktijk helemaal niet zo moeilijk is: je hebt er alleen een paar lekkere meiden en minuscule kledingstukjes voor nodig.

Op de dertigste verjaardag van haar roman *Het ritsloze nummer* was ik in de gelegenheid om te praten met Erica Jong, een van de beroemdste seks-positieve feministen – 'een van de meest geïnterviewde mensen ter wereld', zoals ze het zelf noemt. 'Laatst pakte ik in de douche mijn shampoo,' zei ze. '"Dom Blondje" heette dat spul. Ik dacht bij mezelf: dertig jaar geleden hadden ze dit nooit kunnen verkopen. Ik geloof dat we niet meer zo goed beseffen op welke manier onze cultuur vrouwen verlaagt.' Ze zou 'geen wetten aannemen tegen dit soort producten, en ook niet de politieke-correctheidspolitie erop af sturen', voegde ze er onmiddellijk aan toe. Maar, zei ze, 'laten we onszelf niet wijsmaken dat dit bevrijding is. De vrouwen die geloven dat macht is: lovertjes op je tepels plakken en je borsten laten zien – ik bedoel, ik heb daar helemaal niets op tegen, maar laten we ons niet zo blind staren op tieten en konten dat we niet meer zien hoe ver we níet gekomen zijn. Laten we dat niet verwarren met echte macht. Ik vind het niet fijn als vrouwen voor de gek worden gehouden.'[30]

De nieuwe bimbofeministen verzinnen deze onlogica niet helemaal op eigen houtje. Voor een deel hebben ze het op school geleerd. De academische wereld toont op het moment een levendige belangstelling voor zowel pornografie als een bepaald soort vrouwenstudies, en vaak gaan die twee hand in hand, alsof ze een naadloos, overzichtelijk geheel vormen. Op het hoogtepunt van de 'politiek correcte' gekte in de jaren negentig studeerde ik aan Wesleyan University. Wesleyan was het soort school waar uit principe geen aparte douches voor mannen en vrouwen waren. Er waren geen verplichte colleges, maar tijdens de introductiedagen voor eerstejaars was er wel een verplicht rollenspel, waarbij we een voor een moesten opstaan en zeggen: 'Ik ben homo', of: 'Ik ben een Aziatische Amerikaan', zodat we zouden begrijpen hoe het voelde om deel van een onderdrukte minderheid te zijn. Het sloeg nergens op, maar politiek correct was het wel.

Ik weet nog dat wij als vertegenwoordigers van de studenten Engels een keer een vergadering hadden met de leiding van de faculteit: we kwamen vertellen over een enquête die we hadden gehouden onder de studenten, van wie de meeste vonden dat er ten minste één klassieke cursus literatuurgeschiedenis aan onze universiteit moest worden aangeboden. We stonden allemaal achter de partijlijn die zei dat zo'n cursus nooit *verplicht* zou mogen zijn, want dat zou impliceren dat Dode Blanke Mannen belangrijker waren dan vrouwelijke of niet-blanke schrijvers. Maar we dachten dat het geen kwaad kon om gewoon zo'n cursus *aan te bieden*, voor studenten die de verwijzingen in de hedendaagse Latijns-Amerikaanse literatuur, die wel breeduit aan de orde kwam, beter wilden leren begrijpen. Ik vond het zelf een redelijk verzoek. Nadat ik mijn pleidooi had gehouden, keek de vrouw die de faculteit leidde me ijzig aan en zei: 'Aan een school die zo'n cursus aanbiedt, zou ík nooit lesgeven.'

Het was een bizarre tijd. Een college over de wortels van de Westerse literatuur kon niet, maar een college over porno, waarin studenten money-shots en triootjes analyseerden, was geen enkel probleem. In een omgeving waarin iedereen het had over 'genderconstructies' en het ontrafelen van cultureel bepaalde vooronderstellingen over van alles en nog wat, leek het vanzelfsprekend om hetzelfde te doen met onze cultureel bepaalde vooronderstellingen over seks – namelijk dat het een uitdrukking van liefde zou moeten zijn, of zelfs van wederzijdse aantrekkingskracht. En seks was niet alleen iets waarover we het in colleges hadden, het was ook de populairste sport op de campus. (Dit werd me bijna meteen duidelijk: toen ik als zeventienjarige scholier naar een kennismakingsdag op Wesleyan ging, werd ik meegenomen naar de kantine, een paar colleges en een Naaktfeest. Ik herinner me enorme penissen en vagina's van crêpepapier als versiering.) Groepsseks, om nog maar te zwijgen van de onenightstand, was de norm. Toen ik studeerde, hoorden we aanzienlijk minder over 'Nee is nee' dan studenten in de jaren tachtig, misschien omdat we altijd ja zeiden.

De modieuze gedachtegang in de academische wereld was dat in de kunst 'werken' er niet meer toe deden en de aandacht in plaats daarvan uit moest gaan naar 'teksten', die altijd producten waren van de sociale omstandigheden waarin ze tot stand gekomen waren. We leerden om te kijken naar de schijnbaar oppermachtige trojka ras, klasse en sekse, en hoe daarmee omgegaan werd in teksten – en een tekst kon van alles zijn, van *Madame Bovary* tot *Debbie Does Dallas*. Met artistieke kwaliteit hielden we ons niet meer bezig, want, zo werd ons verteld, dat was slechts de code voor de idealen van de dominante klasse.

Ook Kramer is een product van deze academische mores. Toen ik haar leerde kennen, kwam ze net van Columbia University, waar ze genderstudies had gestudeerd en een scriptie had geschreven over 'hoe de machtsdynamiek van seksualiteit idealiter zowel mannen als vrouwen in staat zou moeten stellen hun individuele seksualiteit te onderzoeken, definiëren en tot uiting te brengen'. In een e-mail schreef ze me dat ze met Gallagher aan CAKE begonnen was omdat ze vonden dat 'het spreken over seksualiteit de vrouwelijke seksualiteit altijd neerzette *in termen van* mannelijke seksualiteit, zoals in artikelen in populaire vrouwenbladen over hoe je het je man naar de zin maakt, of als gedomineerd door mannen... zoals in kritische feministische teksten.' (Kramers bericht doet denken aan Shere Hite, die in het voorwoord van het oorspronkelijke *Hite rapport*, verschenen in 1976, schreef: 'De vrouwelijke seksualiteit is in essentie altijd gezien als reactie op mannelijke seksualiteit en de geslachtsdaad. Vrijwel nooit wordt erkend dat de vrouwelijke seksualiteit wel eens een geheel eigen, minder voor de hand liggende aard zou kunnen hebben, en niet alleen maar de logische tegenhanger is van [wat wij zien als] mannelijke seksualiteit.') Kramer was op zoek naar een oplossing. 'Ik vond dat er een andere optie moest zijn voor vrouwen en begon een theorie te formuleren bij wat die optie zou moeten zijn.' Ze wilde haar theorie niet voor me uit de doeken doen, maar CAKE-feesten zijn er blijkbaar de belichaming van.

Ondanks de grote woorden van Kramer en Gallagher over 'het spreken over seksualiteit' en 'feminisme in actie' moest ik toch aan CAKE-feesten denken toen ik een paar maanden later in Los Angeles in een enorme parkeergarage een feest bijwoonde ter ere van de 'Hot 100' van het mannenblad *Maxim*, hun jaarlijkse lijst van de honderd hotste beroemde vrouwen.[31] Mensen stonden schaars gekleed in een lange rij in Vine Street, wachtend om te worden weggestuurd zodra bleek dat hun naam niet op de telefoonboekachtige gastenlijst stond. Voorbij de portiers stond een oranje jeep met daarnaast twee ingehuurde meisjes in bikinitopjes en zwarte cowboylaarzen, die de hele avond vriendelijk glimlachten en met naar achteren gestoken kont de auto glanzend wreven met hun bandana's.

Dit was een groot feest met veel pers en beroemde gasten (Denzel Washington, Christian Slater, topmodel Amber Valletta, zangeres Macy Gray en de onvermijdelijke Paris Hilton). Twee studentikoze jongens, compleet met rugzak, hadden op een of andere manier binnen weten te komen. De een draaide zich naar de ander om en zei: 'Zie je dat zwarte meisje daar voor je? Moet je dat gezicht zien. Wat is ze mooi.' De dansvloer was een zee van blote benen en schoenen met naaldhakken.

Vanuit de parkeergarage kon je doorlopen naar het

aangrenzende pakhuis, waar een rookmachine voor een nevelige sfeer zorgde. In het midden stond op een podium een groot bed waarop twee meisjes, een Aziatische en een blonde, een eindeloos kussengevecht hielden. Achter de bar waren lange vrouwen in met witte veertjes afgezette topjes aan het paaldansen, hun gezicht een masker van wulpse minachting. Keith Blanchard, toenmalig hoofdredacteur van *Maxim* zei tegen me: 'Wat een sexy avond!'

Voor mij is 'sexy' gebaseerd op de chemie die er soms is tussen mensen… het onverklaarbare gevoel dat je iets wezenlijks gemeen hebt met een ander mens, van wie je misschien houdt of die je niet eens echt aardig vindt, dat alleen tot uitdrukking kan worden gebracht door de fysieke en psychologische uitwisseling die seks heet. Of ik nu op een CAKE-feest ben, langs een billboard van Jenna Jameson op Times Square loop of kussens ontwijk bij de Hot 100 van *Maxim*, in de plastic 'erotische wereld' van grote, harde tieten en lange nagels en paaldansers voel ik me niet geprikkeld of bevrijd of opgewonden. Ik verveel me, en ik voel me lichtelijk opgelaten.

Ter verdediging van haar CAKE-feesten zei Gallagher tegen een verslaggeefster van het tijdschrift *Elle*: 'Probeer jíj maar eens achthonderd mensen zover te krijgen dat ze zich feministisch gedragen!'[32] Dat is inderdaad geen geringe opgave. Maar hoe helpen wellustige meiden op een podium, gekleed in precies dezelfde minikleertjes die sekssymbolen altijd gedragen hebben, de zaak nu eigenlijk vooruit? Als CAKE een *vrouwelijke* seksuele cultuur voorstaat, moeten er toch andere manieren zijn om vrouwen te prikkelen. Er moeten zelfs andere manieren zijn om mannen te prikkelen.

Kramer zei: 'CAKE's missie is een verandering van de perceptie van vrouwelijke seksualiteit', en hun website beweert 'de grenzen van de vrouwelijke seksualiteit' te verleggen. Als het allemaal draait om verandering en het verleggen van grenzen, dan vraag ik me af waarom hun beelden – van de pornofilms die ze op hun feesten op de muren projecteren tot het beeldmerk op hun website, een getekend silhouet van een slanke dame met weelderig lang haar en een hand in haar zij – zo verschrikkelijk veel lijken op alle andere ranzige zinnebeelden die ik in mijn leven gezien heb. Waarom is dit het 'nieuwe feminisme' en niet gewoon wat het lijkt: een ouderwets gebruik van vrouwen als lustobject?

Ondanks vele smeekbeden van mijn kant, weigerden Kramer en Gallagher antwoord te geven op de vraag waarom ze hun 'op vrouwen gerichte seksuele revolutie' geen vorm kunnen geven zonder de constante aanwezigheid van strakke, gladgeschoren naaktdanseressen. Ik vermoed dat ze het niet over die tentoongestelde meisjes wilden hebben omdat ze niet goed weten wat ze anders moeten. En het ís ook moeilijk – hoe geef je publiekelijk vorm aan het concept 'sexy' zonder terug te vallen op de vertrouwde lekkere-wijven-met-blote-tieten-formule? Dat is een uitdaging die vraagt om fantasie en creativiteit die zij niet bezitten. Ze hebben nog geen manier gevonden om de herdefiniëring die ze voorstaan uit te beelden, en dus wensdenken ze zich een feministische rechtvaardiging die helemaal niet bestaat. In werkelijkheid is de nieuwe voorstelling van de bimbocultuur als weg naar bevrijding in plaats van onderwerping een handige (en lucratieve) fantasie die alle grond mist.

Of, zoals Susan Brownmiller zei toen ik haar vroeg wat zij van dit alles vond: 'Je denkt dat je stoer bent, je denkt dat je sexy bent, je denkt dat je het feminisme *overstijgt*. Maar dat is gelul.'

Op 26 augustus 1970, op de vijftigste verjaardag van het vrouwenkiesrecht, gingen tienduizenden vrouwen 'in staking' om in New York een demonstratie te houden. De actie was het geesteskind van Betty Friedan, die het idee van een 'vrouwenstaking voor gelijkheid' had gelanceerd in een twee uur durende toespraak op de vierde nationale vergadering van NOW – minuten nadat ze uit het bestuur was geschopt van de organisatie die zij zelf in 1966 had opgericht.

'Ze schopten Betty naar boven; op dat moment had iedereen het met haar gehad,' herinnert Jacqui Ceballos zich. Ooit gaf ze leiding aan de New Yorkse afdeling van NOW, maar in de loop van haar zevenentachtig jaar was ze ook astrologiestudent, televisieactrice en oprichter van de eerste opera in de Colombiaanse hoofdstad Bogotá geweest. 'Ze had kwaad bloed gezet met haar mening over lesbiennes en iedereen van zich vervreemd.' (Friedan noemde lesbische feministen standaard het 'paarse kwaad'.) 'O, je moest eens weten hoe ze Betty Friedan vernederd hebben! Ze stuurden haar een keer naar beneden om koffie te halen. Tot uw dienst, mevrouw! Ze organiseert dus een grote staking en demonstratie. En ik zeg je, er was niemand die met haar meedeed. Niemand! Maar ik ging naar Betty toe en zei: "Ik help je wel." Ik haalde de Socialistische Arbeiderspartij erbij en iedereen maakte zich zorgen om die vrouwen, maar geloof me: organiseren, dat konden ze!'

Als geïnspireerde publiciteitsstunt bezetten Ceballos en haar kameraden het Vrijheidsbeeld. 'We hingen er spandoeken aan waarop stond VROUWEN ALLER LANDEN VERENIGT U! DEMONSTREER OP 26 AUGUSTUS! Als ik eraan denk word ik weer blij, want het was zo'n mooie stunt. Eerder hadden we al een paar vrouwen op het beeld afgestuurd en die wisten er alles van: ze wisten wat voor weer het zou zijn en hoe de wind zou staan en hoe die twee enorme spandoeken moesten worden opgehangen. Dus wij hangen ze op en de beveiliging loopt zich druk te maken bij de ingang van het beeld, maar burgemeester John Lindsay belde op en zei: "Laat die vrouwen met rust!" O, wat een belevenis was dat.'

De commissie die de demonstratie organiseerde, hield ook een traditionele persconferentie om er bekendheid aan te geven. 'We nodigden alle media uit, en Bella Abzug, en we vroegen Gloria Steinem omdat die feministische dingen zei, en toen kwam Betty niet opdagen! Ze zat vast in het verkeer,' zegt Ceballos. 'De journalisten werden ongeduldig en ik besefte dat we ze kwijt zouden raken als er niet snel iets gebeurde, dus sprong ik op en begon te roepen wat er in mijn hoofd opkwam – dat we dit zouden doen en dat zouden doen, terwijl ik niet eens wist of het wel zo was. Ik zei dat er vijftigduizend vrouwen in de demonstratie mee zouden lopen en toen moest ik die nog ergens vandaan zien te halen. Er was die zomer waarschijnlijk verder geen nieuws, want het ging de hele wereld over. Doodeng was het! Ik weet nog dat ik met Jill Ward [mede-eigenaar van Mother Courage] door Manhattan rende om overal posters over de demonstratie op te plakken. Op een gegeven moment reden we over Park Avenue. We moesten stoppen

voor rood en in de auto naast ons zat een stel ruzie te maken, en de vrouw huilde. Jill sprong achter het stuur vandaan, klopte op het raampje en gaf die vrouw een poster.

'Voor de demonstratie om vijf uur zou beginnen hielden
we de hele dag acties,' vervolgt Ceballos. 'We gingen naar
restaurants die alleen voor mannen waren; we hielden een
gebedsdienst. Ze zeggen dat we geen gevoel voor humor
hadden, maar het was om te gillen: we maakten een NOW
*York Times*, met een huwelijksaankondiging met een foto
van de bruidegom, en we reikten prijzen uit voor de Grootste Male Chauvinist en allemaal van die dingen. Iedereen
in de stad wachtte op ons. Toen de demonstratie eindelijk
begon, nadat we een dag lang actie gevoerd hadden, sloeg
ik de hoek naar Fifth Avenue om, en daar waren *duizen-*
*den* vrouwen. Ik kon het eind van de massa niet zien. Het
was geen demonstratie zoals in de tijd van de suffragettes.
We dansen en zongen en renden en er stonden duizenden
mensen naar ons te kijken. Na de demonstratie zei Kate
Millett: "Nu zijn we een beweging." En zo voelde ik het
ook: we zijn geen groep gestoorde radicalen meer, we zijn
een politieke beweging. Daarna sloot zelfs mijn moeder
zich aan.'[33]

Toen feminisme nog leuk was, was emancipatie een
avontuur, met acties en geweldloze coups en overwinnings-
feesten voor de heldinnen. De vrouwenbeweging kwam
met revolutionaire ideeën die zo totaal zijn ingeburgerd
dat ze nu vanzelfsprekend lijken. Dat vrouwen niet per se
moeder of (zelfs) iemands vrouw hoeven te zijn. Dat vrouwen recht hebben op dezelfde bescherming door de staat
als mannen. Dat vrouwen toegang horen te krijgen tot de
beste scholen (Princeton en Yale begonnen pas in 1969

vrouwen toe te laten; Harvard werkte al sinds 1943 samen met de vrouwen van Radcliffe, maar werd pas in 1972 volledig gemengd; Columbia liet tot 1983 alleen mannelijke bachelorstudenten toe). Dat vrouwen op de arbeidsmarkt niet gediscrimineerd mogen worden. Dat er zoiets bestaat als een clitoris.

In de late jaren zestig en de jaren zeventig voelden ook vrouwen die geen direct contact met de beweging hadden op een of andere manier het effect van het feministische activisme. Gewone vrouwen die niet naar Mother Courage gingen om feest te vieren na de uitspraak in 'Roe' en niet het Vrijheidsbeeld bestormden, zagen deze gebeurtenissen wel op televisie of lazen erover in de krant. De vrouwen beweging was een mediasensatie, een revolutie vanuit de basis, met verstrekkende gevolgen. Op het hoogtepunt waren er in elke grotere stad in de Verenigde Staten vrouwengroepen die de boodschap onder de massa verspreidden.

Het feminisme schonk gewone vrouwen niet alleen bepaalde vrijheden, het had ook invloed op hun woordkeus en hun kleding – op hun smaak zowel als hun bewustzijn. Zoals Brownmiller in *In Our Time* schrijft: 'zelfs de "feministische look" – de vrolijke onverschilligheid jegens make-up en beha's en een voorkeur voor spijkerbroeken en lang, loshangend haar die de Amerikaanse burgerij zo voor het hoofd stootte – werd door modebewuste jongeren overgenomen als een sexy statement.' Behalve noodzakelijk en revolutionair was het feminisme ook cool.

De afgelopen jaren is de term 'feminisme' steeds meer uit de gratie geraakt. In 2001 bleek uit een enquête dat nog maar vijfentwintig procent van de vrouwen zichzelf feministe noemde, één procent minder dan in 1999. Maar sommige door de vrouwenbeweging geïntroduceerde concepten en woordkeuzes zijn nog steeds in zwang: nog steeds worden we door de modewereld, de media en elkaar aangemoedigd om 'sterke vrouwen' te zijn. 'Bevrijding' en 'emancipatie' zijn nog steeds populaire kreten, maar vroeger verwezen ze naar het op z'n kop zetten van het systeem, naar in staking gaan tegen onderwerping, naar een brutale, behaloze, ongeschoren, ongebonden levensstijl. Sindsdien zijn deze woorden alle inhoud kwijtgeraakt. In plaats van harige benen hebben we nu een haarloze vagina; de dansende borsten van weleer worden omhooggehouden door push-upbeha's of 'gecorrigeerd' tot strakke, harde bollen die altijd pront vooruit steken. Wat in de plaats is gekomen van het feminisme als wijd verbreide levenshouding onder Amerikaanse vrouwen is een bijna tegenovergestelde stijl, houding, stelregel.

Ceballos, die tegenwoordig vanuit haar woonplaats Lafayette in Louisiana een groep leidt die zich de Veteran Feminists of America noemt, was er in 1968 ook bij in Atlantic City, toen feministen protesteerden tegen de Miss America-verkiezing en de stadslegende van de verbrande beha's geboren werd. 'Het was tegen de wet om beha's of wat dan ook te verbranden, maar op de boulevard stond een "vrijheidsprullenbak" en daar gooiden we alles in wat we vernederend vonden voor vrouwen,' zei ze. Hun protest kwam op het volgende neer: 'In onze maatschappij worden vrouwen dag in dag uit gedwongen met elkaar te concurreren om de goedkeuring van mannen, tot slaaf gemaakt van bespottelijke schoonheidsnormen die wij, geconditioneerd als we zijn, zelf serieus nemen en accepteren!

'In die tijd hoorde Miss America te verklaren dat het

haar streven was om een goede echtgenote en moeder te worden, en dan stuurden ze haar naar Vietnam. Om de jongens te vermaken! O, het was gewoonweg walgelijk,' zegt Ceballos. 'Een aantal vrouwen verstoorde de verkiezing zelf en werd samen met de grote Flo Kennedy gearresteerd. [Kennedy, advocaat, schrijfster en activiste, richtte de Feministische Partij op om het zwarte congreslid Shirley Chisholm te steunen in haar strijd om het presidentschap en voerde de verdediging van Valerie Solanis, de vrouw die Andy Warhol doodschoot.] Zulk nieuws verspreidt zich natuurlijk als een lopend vuurtje. Daarom deden we het ook!'

Een van de journalisten die verslag deden van de protesten was Lindsy Van Gelder van de *New York Post*, die het weggooien van beha's vergeleek met het verbranden van oproepkaarten van het leger, en sindsdien associëren mensen feministen met een laaiende ondergoedbrand. 'Beha's of wat dan ook verbranden mochten we niet,' zegt Ceballos, 'maar ik heb wel de *Playboy* van mijn zoon weggegooid. En ik zei: "Vrouwen! Gebruik je hersens, niet je lichaam!"'

Drie

# Female Chauvinist Pigs

Op de eerste warme dag van het voorjaar van 2000 verzorgde de organisatie New York Women in Film & Television een brunch ter ere van Sheila Nevins, veteraan van televisiezender HBO en hoofd van de afdeling documentaires en gezinsamusement.[1] De brunch vond plaats in een chique gelegenheid in de buurt van Park Avenue, waar een indrukwekkende selectie stijlvolle vrouwen, vruchten van het seizoen en dure theesoorten bijeen waren gebracht. Door de ramen zag je de langsrijdende stroom gele taxi's schitteren in het zonlicht.

Maar de sfeer was meer *Golden Girls* dan *Sex and the City*. 'Ik ben opgegroeid in een maatschappij waarin vrouwen zwegen, dus luisterde ik,' vertelde Nevins, die met een lichtroze omslagdoek om stralend en sereen op het podium zat. 'Ik lach graag, ik huil graag, de rest is administratie.'

Nevins is niet de eerste de beste. Ooit werd ze in het tijdschrift *Mirabella* uitgeroepen tot een van de 'Vijfentwintig Slimste Vrouwen van Amerika', samen met Tina Brown, Susan Sontag en Donna Brazile.[2] Zakenblad *Crain's* noemde haar een 'gerespecteerd speelster'.[3] Onder haar leiding wonnen de programma's en documentaires van HBO eenenzeventig Emmy Awards, dertien Oscars en tweeëntwintig George Foster Peabody Awards, waaronder Nevins hoogstpersoonlijke Peabody. In 2000 kreeg Nevin een plaats in de Hall of Fame van de televisiewereld en ze is gelauwerd door de International Documentary Association en het Banff Television Festival. In 2002 is Nevins door de National Foundation for Jewish Culture uitgeroepen tot 'Inspirerende Vrouw'. Ze is een elegante blondine met een man en een zoon en een tot de verbeelding sprekende en goedbetaalde baan, die zelfs een imponerende hoeveelheid ernst in zich heeft: Nevins produceert films over onderwerpen als de Holocaust, kanker en oorlogswezen.

Tijdens die zonnige voorjaarsbrunch zaten de vrouwen met strakke, eerbiedige gezichten in hun meloenschijfjes te prikken, vol bewondering voor Nevins humor, scherpe geest en schoenen met zebraprint. 'Wie heeft uw carrièredeuren voor u geopend?' wilde iemand weten.

'Ik,' antwoordde Nevins.

Een meneer met een vlinderdasje begon zijn vraag met: 'Ik ben maar de excuusman...'

Nevins grinnikte en zei: 'Andere mannen zijn er niet', en iedereen barstte in lachen uit.

Maar toen begon een vrouw met krulhaar achter in de zaal over *G-String Divas*, een 'docusoap' op de late avond, waarin het publiek getrakteerd werd op heel veel vrouwelijk bloot, ingeklemd tussen interviews met paaldanseressen over de fijne kneepjes van het vak en hun seksleven in het echt. 'Waarom maakt een vrouw – een vrouw van middelbare leeftijd met een kind – een programma over paaldanseressen?' vroeg de vrouw. Iedereen was verbijsterd.

Nevins draaide zich als gestoken om in haar stoel. 'Dat is jaren vijftig-praat! Ga een beetje met je tijd mee!' blafte ze. 'Ik vind seks een geweldig onderwerp, geweldig! Wat is daar mis mee?'

Vergeleken met de rest van de dames, met hun getoupeerde haar en lipliner, had deze vrouw inderdaad wel iets anachronistisch. Zichtbaar geschrokken zette ze haar bril recht, maar ze hield vol. 'Waarom is het nog steeds zo dat series over vrouwen altijd over hun lichaam en hun seksualiteit gaan?'

Nevins schudde boos haar hoofd. 'Waarom is het nog steeds zo dat vrouwen vitten op vrouwen die hun kleren uittrekken, en niet op alle misstanden op de arbeidsmarkt? Ik snap dat niet! Alsof het weerzinwekkend en vernederend is als je als vrouw uit de kleren gaat. Je kinderen niet te eten kunnen geven, dát is weerzinwekkend en vernederend!'

'Maar...'

'We moeten allemaal ploeteren om te bereiken wat we willen,' onderbrak Nevins haar. 'Hun lichaam is hun instrument en als ik zo'n lichaam had, dan bespeelde ik het als een Stradivarius!'

'Maar...'

'Die vrouwen zijn mooi en mannen zijn domkoppen! Wat is het probleem?'

'Maar u geeft geen antwoord op mijn vraag.'

Natuurlijk niet. Want een deel van het antwoord is dat niemand meer het tutje achter in de zaal wil zijn, de geest van de vrouwen van weleer. Het is gewoon niet cool. En het is wél cool om als vrouw met een mannenblik te kijken naar de populaire cultuur in het algemeen en naakte meiden in het bijzonder. *Maak je je druk om naaktdanseressen?* leek Nevins haar kwelgeest te willen toeschreeuwen, *Mop, je zou nog heel wat van ze kunnen leren!* Nevins dreigde met iets wat in haar ogen duidelijk veel erger was dan als lustobject te worden beschouwd: voor ouderwets te worden versleten.

Als je het te druk hebt of te oud bent of te dik om een Stradivarius van jezelf te maken, dan kun je op z'n minst respect hebben voor wie het wel lukt, is wat we te horen krijgen. Als je nog steeds last hebt van de (hopeloos gedateerde) opvatting dat het beoordelen van vrouwen op grond van hun lichaam, zo niet weerzinwekkend en vernederend, dan toch onwaardig is; als je nog steeds vasthoudt aan de (treurige) hoop dat een rijkere omgang met het 'onderwerp seks' voort zou kunnen komen uit een herwaardering van oude vooronderstellingen, dat ben je duidelijk in het verleden blijven hangen (en kun je maar beter een inhaalslag maken, en snel een beetje).

Als ik vertelde dat ik iemand had ontmoet die een realityserie over naaktdanseressen produceert, die geïrriteerd en neerbuigend reageert op feministische argumenten en een sterk voorstander is van lapdancing, zouden de meeste mensen voetstoots aannemen dat ik het over een man had – het soort man dat we vroeger een Male Chauvinist Pig noemden, een macho. Maar nee. Ik heb het over een Inspirerende Vrouw. Ik heb het over een mondaine, welbespraakte, buitengewoon succesvolle vrouw die hoog boven de massa uittorent, en ik *zou* het over een heleboel andere vrouwen kunnen hebben, want de ideeën en emoties waaraan Nevins uiting gaf, zijn niet alleen de hare: ze zijn de status-quo.

Lang geleden besloten we dat de Male Chauvinst Pig een onwetende boerenkinkel was, maar de Female Chauvinist Pig (FCP) wordt de hemel in geprezen. Ze is postfeministisch. Ze heeft humor. Ze *snapt het*. Ze heeft niets tegen cartooneske stereotypen van vrouwelijke seksualiteit en ze heeft niets tegen een cartooneske macho-reactie op die stereotypen. De FCP vraagt: waarom zou je de *Playboy* van je vriendje in de vrijheidsprullenbak gooien als je feest kunt vieren in het Playboy Mansion? Waarom zou je je druk maken om *weerzinwekkend* of *vernederend* als je kunt lapdancen? Waarom zou je proberen ze te verslaan als je ook gewoon mee kunt doen?

Een bepaalde schunnigheid, een zekere botte, achteloze omgang, waaraan de bekende *me-Tarzan-you-Jane*-mentaliteit ten grondslag ligt, geeft mensen het gevoel dat ze gelijk zijn. Dat komt doordat we nu allemaal Tarzan zijn, of in elk geval allemaal doen alsof. Voor een vrouw als Nevins, die opgroeide in 'een maatschappij waarin vrouwen zwegen' en het desondanks voor elkaar kreeg om al haar carrièredeuren zelf te openen, is dit niets nieuws. Zij doet al tientallen jaren lang, met enorm succes, haar werk in een mannenwereld. In die tijd heeft ze moeten leren *one of the guys* te zijn.

Nevins is (nog steeds) wat vroeger in Amerika bekendstond als een *loophole woman*, een vrouw die door de mazen was geglipt, een uitzondering in een door mannen

gedomineerde wereld wier aanwezigheid zogenaamd bewees dat die wereld best voor vrouwen toegankelijk was.
Toen Nevins begon, waren er in de amusementsindustrie
niet veel vrouwen op hoge posities, en dat is nog steeds zo.
In 2003 bezetten vrouwen bij de 250 grootste filmproduc-
ties in de Verenigde Staten slechts zeventien procent van de
sleutelposities – als producent, regisseur, schrijver, filmer
of redacteur. (En er zit geen vooruitgang in: het percentage
vrouwen dat meewerkt aan grote films is sinds 1998 niet
meer gestegen.) Bij de televisie was de verhouding man-
vrouw in het seizoen 2002-2003 ongeveer vier op één, net
als in de vier voorafgaande seizoenen.[4] Wat deze cijfers
aantonen is, méér dan de ontoegankelijkheid van de amusementsindustrie, hoe kwetsbaar vrouwen als Nevins zijn.
Om haar positie te behouden moet ze extra zelfverzekerd,
agressief en overtuigd van haar keuzes zijn; ze moet alles
kunnen wat Fred Astaire kan, met haar ogen dicht en op
naaldhakken.

Vrouwen die machtig over willen komen, hebben het
altijd efficiënter gevonden om zich met mannen te identificeren dan om een poging te doen de hele vrouwelijke sekse
naar hun niveau te tillen. De schrijfsters Mary McCarthy
en Elizabeth Hardwick bijvoorbeeld, waren beroemd om
hun afkeer van feministen en maakten er geen geheim van
dat ze probeerden te 'schrijven als een man'. De meest
kleurrijke en intrigerende vrouwen uit onze geschiedenis
zijn, hetzij door bewonderaars, hetzij door tegenstanders,
met mannen vergeleken. Een van de vele minnaars van
dichteres Edna St. Vincent Millay, de jonge redacteur John
Bishop, schreef in een brief aan haar: 'Ik geloof echt dat
jouw verlangens werken zoals die van een man.'[5] In een

artikel in *Vanity Fair* schreef de biografe van Hillary Clinton, Gail Sheehy, in augustus 2001: 'Van achteren lijkt het silhouet van de nieuwbakken senator van New York op dat van een man.'[6] Een oud-klasgenote van Susan Sontag zei tegen diens biografen Carl Rollyson en Lisa Paddock dat de jonge 'Sue' een 'mannelijk soort onafhankelijkheid' bezat. Judith Regan, de beroemdste en meest gevreesde uitgeefster van de Verenigde Staten – en de vrouw die ons de memoires van Jenna Jameson heeft geschonken – mag op redactievergaderingen graag roepen: 'Ik heb de grootste pik in het hele gebouw!' (en haar tegenstanders 'mietjes' noemen).[7] Over een bepaalde categorie vrouwen – getalenteerd, machtig, onverzettelijk – hebben we nooit goed kunnen praten zonder terug te vallen op een of andere versie van 'als een man', en een groot aantal van die vrouwen heeft dat ook nooit een probleem gevonden. Het kan niet iedereen schelen dat dit het zusterschap weinig goed doet.

De bimbocultuur biedt vrouwen die willen tonen wat ze waard zijn een unieke kans. Bimbo is niet alleen in de mode, het is ook iets wat van oudsher uitsluitend mannen aansprak en vrouwen tegen de borst stuitte, dus meedoen is een manier om te laten zien dat je cool bent én dat je anders bent, stoerder, vrijer, leuker – een nieuw soort *loophole woman*, 'anders dan andere vrouwen', meer 'als een man'. Of, preciezer gezegd, een Female Chauvinist Pig.

Sherry, Anyssa en Rachel zijn drie vriendinnen die een voorliefde voor bimbo gemeen hebben: *Maxim*, porno, Howard Stern, *Playboy*, noem het allemaal maar op.[8] Ze zijn alle drie achter in de twintig, en op de avond van onze ontmoeting waren ze na een korte vakantie net terug in

New York. Rachel, verpleegkundige en een stoere, stevige meid met kort rood haar, had voor de anderen een aardigheidje meegebracht: een ansichtkaart met een stel bolle vrouwenborsten en daarachter een strakblauwe lucht, met daarin in zwierige letters de woorden *Breast wishes from Puerto Rico!*

'Toen ik net in New York woonde, kon ik niet genoeg krijgen van Robin Byrd,' zei Rachel. Ze doelde op de sekskoningin van de lokale televisie. Byrd presenteert al sinds 1977 een programma waarin mannen en vrouwen uit de kleren gaan en hun aankomende optredens in clubs, tijdschriften of pornofilms promoten. Aan het eind van elke aflevering gaat Byrd, zelf een voormalige pornoactrice, de kring rond om bij al haar gasten de borsten of geslachtsdelen te likken of te betasten. 'Ik ging niet uit voor ik Robin Byrd had gezien, en als ik uitging had ik het de hele tijd over Robin Byrd,' zei Rachel. 'Ik vind het niet opwindend om naar te kijken of zo. Ik kijk voor de lol.'

'Ja, het is gewoon lachen,' vond ook Sherry. Sherry had net haar eerste dag in haar nieuwe baan als accountmanager bij een reclamebureau erop zitten, en Rachel feliciteerde haar met een klein cadeautje: een dik rood potlood met het rubberen hoofd van Farah Fawcett aan het uiteinde.

Alle drie waren ze in hun jeugd dol geweest op *Charlie's Angels*, maar de laatste tijd waren ze 'bezeten' van Nevins *G-String Divas*. 'Laatst in de metro kreeg ik zin om rond die paal in het midden te dansen,' zei Anyssa. 'Ik zou zelf nooit naaktdanseres kunnen zijn, maar ik denk dat het seksueel heel bevrijdend is.' Aan haar uiterlijk lag het niet. Anyssa was een Stradivarius... een goedgebouwde, mooie jonge vrouw met een melkwitte huid en zijdeachtig haar en een brede, lipstickrode mond. Ze wilde actrice worden, maar voorlopig werkte ze in een bar in de buurt van Union Square. 'Als ik moet werken, tut ik me niet op,' zei ze. 'Ik heb zo wel genoeg eikels achter me aan. Toen Sherry en ik nog studeerden, droegen we overdag van die jongenskleren en trokken we 's avonds de mooiste dingen aan, en dan hadden mensen zoiets van *o mijn god!* Het is een soort spel... je speelt de verleidelijke kaart en laat ze naar je kijken, en dan kom je op heel ander niveau terecht.' Anyssa glimlachte. 'En misschien *voel* je je dan wel als een naaktdanseres.'

Even zat iedereen zwijgend over die mogelijkheid na te denken.

Ik opperde dat er ook goede redenen waren om je níet zo te willen voelen, dat rond een paal kronkelen met een gezichtsuitdrukking die in de natuur niet voorkomt meer een parodie op vrouwelijke kracht is dan een uitdrukking ervan. Dat sloeg niet erg aan.

'Ik kan geen medelijden met die vrouwen hebben,' zei Sherry bits. 'Ze doen het toch zelf?'

Sherry beschouwde zichzelf als feministe. 'Ik ben heel erg vóór vrouwen,' zei ze. 'Ik vind het fijn als vrouwen iets bereiken, of ze dat nu met hun hersens doen of met hun tieten.' Maar ze vond het ook niet erg om vrouwen die nergens gebruik van maakten te zien falen. Ze was bijvoorbeeld dol op de show van Howard Stern, omdat het in zijn wereld op een bepaalde manier eerlijk toegaat: vrouwen die slim en geestig zijn, zoals Sherry of Sterns sidekick, de FCP Robin Quivers, mogen met de jongens meelachen. (Quivers is het verzachtende element dat de show van Stern nodig heeft om niet alleen maar angstaanjagend te zijn. Sterns favoriete nummer, vrouwelijke gasten zover krijgen dat ze zich uitkleden, zodat zijn mensen zich aan hen kunnen verlustigen of de spot met ze kunnen drijven, zou er een stuk griezeliger uitzien als Quivers, een intelligente, welbespraakte, keurig geklede zwarte vrouw, er niet was om de kijker of luisteraar duidelijk te maken dat er een uitweg is, een andere rol voor vrouwen in de show. In werkelijkheid is Quivers zo'n beetje de enige voor wie dat is weggelegd, want de andere vrouwen die Stern uitnodigt zijn óf exhibitionistisch óf gek óf – en dat heeft hij het liefst – allebei.) De vrouwen die dom genoeg zijn om zich voor de televisiecamera's uit te kleden in de hoop dat Howard een borstoperatie voor ze zal betalen, worden gestraft met vernedering. Voor Sherry en haar vriendinnen had deze gang van zaken iets geruststellends. Schijnbaar zagen ze er een vorm van rechtvaardigheid in die hun genoegen deed; het was net zoiets als het plezier waarmee mensen kijken naar programma's als *Cops*, waarin de politie de slechteriken op de motorkap van hun auto's smijt.

'Tuurlijk, we zijn allemaal vrouwen, maar moeten we daarom één front vormen?' zei Anyssa. 'Bekijk 't maar. Ik vertrouw vrouwen niet. Toen ik jong was, ging ik altijd met jongens om... zij zijn de eerste vrouwen die ik ken die dezelfde mentaliteit hebben als ik en die zichzelf niet uithongeren en om de minuut hun nagels lakken. Ik ben nooit een meisjesmeisje geweest en ik heb ook nooit aan die concurrentiestrijd mee willen doen. Ik hoorde daar gewoon niet bij.'

Anyssa is niet anders dan de meeste FCP's: ze willen net zo zijn als mannen en verklaren een hekel te hebben aan vrouwen die al te veel aandacht besteden aan hun uiterlijk. Maar mannen lijken op zulke vrouwen, die meisjesmeisjes, te vallen of op zijn minst graag naar ze te kijken. Dus om écht net zo als mannen te zijn, moeten FCP's ook graag naar ze kijken. Tegelijkertijd vinden ze het helemaal niet erg als er ook een beetje naar hén wordt gekeken. De uitdaging is dus om te laten zien dat je anders bent dan de meisjesmeisjes in de videoclips en de catalogus van Victoria's Secret, maar geen enkel bezwaar hebt tegen de waardering die mannen voor dat soort meisjes hebben, én dat jij zelf onder al je agressie en scherpzinnigheid ook best wat van die sexy energie en dat spannende ondergoed hebt. Liefhebbers van bimbo dekken alles af.

De tweeëntwintigjarige ambtenaar Erin Eisenberg en haar zusje Shaina, student aan Baruck College, hadden een stapel mannenbladen – *Playboy, Maxim*, FHM – in hun gezamenlijke slaapkamer in hun ouderlijk huis. 'Vaak zeg ik, oh, die ziet er goed uit, of, kijk eens naar die kont, maar soms heb ik ook zoiets van, dit is dus bewerkt, of, die tieten zijn nep of wat dan ook,' zei Erin. 'Ik probeer niet te oordelen, maar soms doe je dat toch.'

'Ik koop *Playboy* omdat ik wil weten wie er op de voorkant staat,' zei Shaina. 'Laatst was het Shannen Doherty en ik wilde gewoon zien wat voor borsten ze had.'

De bladen en de bimbocultuur in het algemeen prikkelden hun nieuwsgierigheid en gaven hun inspiratie. Erin vertelde: 'Ik weet dat ik al heel vaak in mijn leven iemand heb opgewonden door gewoon een beetje stoer te doen.' Door met een ander meisje te zoenen bijvoorbeeld. 'Dan ga je denken, hé, jongens vinden dit spannend als je het in het openbaar doet. Toen ik dat in het echt meemaakte, was het net alsof ik in *The Man Show* zat of zo. Maar die keren was het niet zo sexy als in mijn fantasieën.'

De zusjes zeiden allebei dat ze 'niet zo snel geschokt' waren, en Erin dacht dat ze 'ongewenste intimiteiten minder erg' vond dan de meeste vrouwen.

'Een paar weken geleden was ik uit met een vriendin en een of andere gast kwam aan haar kont en ze ging helemaal uit haar dak,' zei Shaina. 'Ik had zoiets van, mens, hij gaf je een klap op je billen! Ik zou daar niet zo mee zitten hoor – ik zou juist wel gevleid zijn.'

'Een man is een man, dat is gewoon zo, wat voor positie hij ook heeft,' zei Erin. 'Ik heb een heleboel vrienden. Ik vind het wel eens lastig om een vrouw te zijn, en ik denk dat ik daarom probeer bij de mannen te horen. Volgens mij heb ik niet zoveel echt vrouwelijke eigenschappen.'

'Je bent geen meisjesmeisje,' vulde Shaina aan. 'Haar prioriteit is niet: zal ik naar de manicure gaan?'

'Meisjesmeisje' is de term geworden waarmee vrouwen beschrijven wie ze pertinent niet willen zijn: een gemaakt tutje. Meisjesmeisjes zijn mensen die 'zichzelf uithongeren en om de minuut hun nagels lakken', zoals Anyssa het uitdrukte; mensen die niets belangrijkers hebben om over na te denken dan hun uiterlijk. Maar hoewel de FCP meisjesmeisjes in haar privé-leven mijdt als de pest, is ze voor haar vertier volledig op ze gefixeerd. Niemand moet zo vaak ontharen als een pornoster en de meeste paaldanseressen zouden zonder gelakte nagels nog niet dood gevonden willen worden. Gek genoeg zijn dit de vrouwen – de ultieme meisjesmeisjes – waar FCP's zich intensief mee bezig houden.

Net als Sherry verklaarde Erin Eisenberg belangstelling te hebben voor het feminisme, en ter illustratie liet ze me haar exemplaar van *De mystieke vrouw* zien. 'Maar ik probeer mijn ideeën niet aan anderen op te dringen,' zei ze. 'Ik denk liever gewoon zelf over de dingen na, en dan ga ik mijn eigen weg – ik ontwikkel mezelf op andere manieren dan door een discussie te beginnen. Ik sta sterker als ik daar mijn energie niet aan verspil.'

'Sterk staan', daar draait het om. FCP's zien zichzelf op geen enkele manier meer als deel van een groep met gemeenschappelijke belangen. Als je als vrouw vooruitkomt, als je die sterke vrouw bent waarover we steeds zoveel horen, dan doe je alles wat je doen moet, is de gedachte.

Carrie Gerlach, destijds directielid van Sony Pictures in Los Angeles, schreef in 2001 in een e-mail:

> Mijn beste mentors en leermeesters waren mannen. Waarom? Omdat God me mooie benen, mooie tieten en een brede glimlach heeft gegeven. Omdat ik voor mijn vijfendertigste mijn eerste miljoen binnengehaald wil hebben. Dus natuurlijk ben ik een female chauvinist pig. Denk je dat die mannelijke mentors wilden horen hoe ze hun werk beter konden doen, hoe hun marketingafdeling geoptimaliseerd kon worden, hun verkoopcijfers omhoog zouden gaan? Welnee. Ze wilden gewoon spelen in mijn geheime tuin. Maar ik bracht mijn oorlogskleuren aan, zette mijn Gucci-schoen tussen de deur, werkte, vocht en kwam hogerop. En ik bereikte iets!!! En dat allemaal in een kort Prada-rokje.[9]

Gerlach stak niet onder stoelen of banken dat ze 'hogerop' wilde komen om van de goede dingen des levens te kunnen genieten, te weten Prada en Gucci. Het doel heiligt de middelen, en de middelen zijn 'mooie benen' en 'mooie tieten'.

'Iedereen wil geld verdienen,' zei Erin Eisenberg, de dochter van voormalige hippies. ('Mijn vader beweert dat hij socialist was,' merkte ze sceptisch op.) Waar haar ouders vraagtekens zetten bij het systeem, heeft Erin alleen twijfels bij de lagere regionen. Weg is de bezorgdheid van de jaren zestig over de maatschappij in haar geheel. FCP's maken zich niet druk om de criteria waarnaar vrouwen beoordeeld worden, ze hebben het zelf veel te druk met andere vrouwen beoordelen.

'Wie wil er nou niet als sekssymbool gezien worden?' zei Shaina. 'Ik zeg altijd: als ik de perfecte maten en een perfect lichaam had, zou ik voor *Playboy* poseren. Al die mannen die naar je kijken, die je *bewonderen*. Dat geeft toch macht?'

Gaan we op zoek naar een precedent voor deze constellatie van ideeën en gedragingen, dan komen we uit op een onverwachte plek... bij een Amerikaanse roman van vóór de Burgeroorlog. Van *De hut van oom Tom* van Harriet Beecher Stowe, verschenen in 1852, werden in de negentiende eeuw meer exemplaren verkocht dan van welk ander boek ook, op de Bijbel na. Nog steeds wordt het alom beschouwd als de historisch meest belangwekkende roman ooit door een Amerikaanse auteur geschreven. Vanaf het moment van verschijnen heeft Stowes boek een enorme impact gehad op de manier waarop Amerikanen tegen ras aankijken. Toen Stowe in 1853 op tournee was in Groot-Brittannië prees de minister die haar kwam begroeten haar met de opmerking 'dat de stem die het best in staat is miljoenen mensen te raken de zachte, bescheiden stem is die voortkomt uit de heilige vrouwenborst.' (Stowe citeerde zijn woorden vol trots in haar reisboek *Sunny Memories of Foreign Lands*.) Deze gevoelens vonden tien jaar later weerklank bij president Abraham Lincoln, die Stowe karakteriseerde als 'de kleine dame die deze grote oorlog heeft ontketend'. Hij ontmoette haar vlak nadat hij de Emancipation Proclamation had uitgevaardigd, de wet die bepaalde dat slaven voortaan vrij waren.

Hoewel Stowe ontegenzeggelijk heeft bijgedragen aan de afschaffing van de slavernij (en aan de spanningen omtrent dit onderwerp, die medeoorzaak waren van de Burgeroorlog), is haar ook verweten dat ze 'het verkeerde, verwrongen wensdenken over negers in het algemeen en Amerikaanse negers in het bijzonder, waar we tot op de dag van vandaag last van hebben' heeft verergerd, zoals de criticus J.C. Furnas in 1956 schreef.[10] Stowe verzon meerdere personages die hun ras 'ontstijgen', wat wil zeggen dat ze zich 'als blanken' gedragen of proberen te gedragen. Een van Stowes protagonisten is een slaaf genaamd George Harris, die zo'n lichte huid heeft dat hij voor een 'Spaanse heer' kan doorgaan.[11] Maar het ligt niet alleen aan de huid die Stowe hem gaf dat George zich anders dan andere slaven door haar fictieve maatschappij en de verbeelding van haar lezers beweegt. In 'Everybody's Protest Novel', een essay over *De hut van oom Tom* dat in 1949 in de *Partisan Review* verscheen, schreef James Baldwin dat Stowe George 'in alle andere opzichten [zo wit heeft gemaakt] als maar kan'; Stowe had van George ten opzichte van Tom en zijn medeslaven 'een apart ras' gemaakt.[12]

De tegenovergestelde strategie om met het machtsverschil in Stowes tekst om te gaan is inmiddels berucht geworden, en dat is natuurlijk de strategie die oom Tom zelf hanteert. Tom is iemand die zijn ondergeschikte positie als slaaf zo volstrekt aanvaardt dat hij de standaard middelen van onderwerping overbodig maakt. Wanneer een slavenhandelaar hem vervoert om verkocht te worden, hoeft hij Tom niet te ketenen; er is geen gevaar dat hij zal ontsnappen, want hij heeft het systeem waarvan hij slachtoffer is volkomen geïnternaliseerd. Hij gelooft écht dat hij iemands eigendom is, dus weglopen zou betekenen dat hij zijn eigenaar bestal, een misdaad waar hij niet eens van durft te dromen.

Het gevolg is dat Tom door zijn meesters, en door Stowe zelf, wordt gezien als 'betrouwbaar', 'eerlijk', 'verstandig' en 'vroom'. Tom onderwerpt zich niet alleen aan het systeem dat hem onderdrukt, hij wil ook graag dat zijn meester van hem houdt, en houdt op zijn beurt van zijn meester. George Shelby, de man die Tom vanaf zijn geboorte gediend heeft, schaamt zich zo wanneer hij Tom verkocht heeft, en daarmee van zijn vrouw en kinderen scheidt en tot een leven vol wreedheden veroordeelt, dat hij geen afscheid van Tom kan nemen. En toch, als Tom wordt weggevoerd, zijn z'n laatste treurige woorden: 'Zeg meester George voor me gedag.'

Stowe bedoelde Tom als een hartveroverend en exemplarisch voorbeeld van de 'zachte, gevoelige aard van zijn vriendelijke volk, altijd geneigd tot het eenvoudige en het kinderlijke.' In haar boek is dit gewoon het karakter van het personage. Maar het concept 'oom Tom' heeft een heel andere betekenis gekregen dan Stowe voor ogen stond. Een oom Tom is iemand die met opzet het stereotiepe beeld van zijn of haar gemarginaliseerde groep bevestigt, teneinde vooruit te komen binnen de dominante groep.

In een discussie over 'Tom-shows', de toneelversies die na verschijning van het boek immens populair werden (en tot in de jaren dertig van de twintigste eeuw bleven), beschrijft de schrijfster Mary C. Henderson een 'theaterindustrie die "Tomming" heet', waarin 'het oorspronkelijke personage oom Tom in de slechtste en goedkoopste bewerkingen bijna volledig werd weggepoetst. Ergens in die tenten tussen de maïsvelden verloor hij zijn waardigheid en persoonlijkheid en veranderde hij in de serviele, gehoorzame, strooplikkende zwarte die de term "oom Tom" zo'n vieze bijsmaak geeft.' [13]

'Tommen' betekent dus dat je je conformeert aan het verwrongen beeld dat iemand anders, iemand die machtiger is dan jij, heeft van de groep waartoe je behoort. In sommige opzichten word je daar misschien wijzer van – je krijgt bijvoorbeeld een rol in een Tom-show of je komt in een goed blaadje bij je baas, zoals de held uit Stowes boek – maar tegelijk concretiseer je het vooroordeel dat je gevangen houdt.

Het idee van 'je gedragen als een blanke', zoals Stowe George Harris liet doen, en 'je gedragen als een zwarte', wat volgens haar oom Tom deed (als representant van zijn 'vriendelijke volk'), komt voort uit de veronderstelling dat er zoiets bestaat als het wezen van het blanke ras of het wezen van het zwarte ras, dat je dus ook kunt imiteren. James Baldwin schreef: 'We worden gevormd, dat is waar, binnen en tegen de achtergrond van de maatschappelijke werkelijkheid die ons bij onze geboorte wordt vermaakt; en toch is het juist vanwege onze afhankelijkheid van die realiteit dat we tot in het oneindige bedrogen worden.' De 'categorie waartoe we behoren' is de kooi waarin we 'gevangen worden gehouden, eerst door anderen, vervolgens door onzelf'. We worden gedefinieerd en definiëren uiteindelijk onszelf, betoogde Baldwin, aan de hand van de culturele betekenis die wordt toegedicht aan onze zichtbaarste kenmerken – wit of zwart, man of vrouw, enzovoort. Wie wil 'tommen', 'zich als een zwarte gedragen', moet noodzakelijkerwijs geloven dat er zoiets bestaat als 'het wezen van de zwarte', anders valt de rol onmogelijk te spelen. En wie zich wil gedragen 'als een man' moet geloven in een inherente mannelijkheid, anders valt er niets te imiteren.

Het zou dwaas zijn om te beweren dat vrouw zijn (blank of zwart) in deze tijd net zoiets is als slaaf zijn (man of vrouw) in het Amerika van voor de Burgeroorlog. De verschillen zijn uiteraard levensgroot. Maar de grenzen aan wat bereikt kan worden door 'je te gedragen als' de dominante groep of de stereotypen te bevestigen die aan de ondergeschikte groep worden toegeschreven, zijn dezelfde. Dit zijn de twee strategieën die een FCP gebruikt om met haar vrouw-zijn om te gaan: ze gedraagt zich als een stereotiepe man, die geilt op paaldansers en dingen roept als 'moet je die kont zien' en opschept dat hij 'de grootste pik in het gebouw' heeft, of als een stereotiepe vrouw met grote borsten en weinig kleren, die alleen uitdrukking kan geven aan haar seksualiteit door rond een paal te kronkelen.

In algemenere zin hebben beide strategieën altijd bestaan en zullen ze ook wel altijd blijven bestaan, omdat ze tot op zekere hoogte onvermijdelijk zijn. Moet een gemarginaliseerd iemand – een vrouwelijke producer die solliciteert bij een volledig door mannen geleide filmmaatschappij, een Chinese advocaat die vennoot wil worden in zijn spierwitte advocatenkantoor, een lesbienne die een kamer wil in een studentenhuis vol hetero's – zich, om zijn of haar doel te bereiken, gedragen zoals de mensen die de beslissingen nemen verwachten? Zonder enige twijfel. Een zekere mate van 'tommen', van meedoen om te overleven, hoort bij het leven in deze wereld.

Maar Amerikanen hebben lang geleden al afscheid genomen – of afscheid geprobeerd te nemen, of gedaan alsof ze afscheid namen – van het idee dat er bepaalde kenmerken en karaktereigenschappen zijn die speciaal bij blanken of speciaal bij zwarten horen. Op z'n minst worden dergelijke ideeën tegenwoordig als bijzonder beledigend en volslagen idioot beschouwd. En toch zeggen we rustig dat we ons 'als een man' proberen te gedragen, of dat we geen 'meisjesmeisje' willen zijn. Alsof die begrippen ook maar iets betekenen. Als welke man proberen we ons te gedragen? 50 Cent? Prins Charles? George Michael? Osama bin Laden? Het is een verbijsterend domme manier om tegen anderen aan te kijken, en toch doen slimme mensen het voortdurend.

Het meest in het oog springende voorbeeld van een intelligent iemand die zich in de recente geschiedenis publiekelijk in die zin heeft uitgelaten is academicus Camille Paglia. Paglia is degene die de beruchte uitspraak deed: 'Als de beschaving aan vrouwen overgelaten was, hadden we nu nog in rieten hutjes gewoond.'[14] Dat is misschien een te kinderachtige provocatie om op in te gaan, maar Paglia's minder extreme uitlatingen over de seksen weerspiegelen de nog steeds wijd verspreide vooronderstelling dat vrouwen zus zijn en mannen zo (en dat er niets op tegen is om dat hardop te zeggen). In een interview met het tijdschrift *Spin* (dat Paglia goed genoeg vond om in haar boek *Seks, kunst en Amerikaanse cultuur* op te nemen) typeerde Paglia haar critici:

> Ze hebben zo'n zielige, achterlijke, totaal wereldvreemde kijk op de dingen, geleerd van die academici die geen enkel benul hebben, niet de flauwste notie. Terwijl mijn kijk op seks gebaseerd is op het feit dat ik een fan ben van *football* en rockmuziek. Rock en football onthullen iets waarachtigs en eeuwigs en universeels over de mannelijke energie en seksualiteit. Ze laten zien dat vrouwen eigenlijk dol zijn op het idee van opzichtige, trotse, ongetemde mannelijke energie. De mensen die mij bekritiseren, die gearriveerde feministen, die witte, bovenmodale New Yorkse feministen met name, die zichzelf zo geleerd vinden, als je dan ziet van wat voor muziek die houden... Suzanne Vega – je weet wel, van die vrouwenmuziek.[15]
>
> SPIN: Getver.

Om te beginnen vraag je je af of Paglia wel eens van Patti Smith gehoord heeft. Of Debbie Harry. Of Janis Joplin. Of Grace Jones. Het lijkt erop dat ze zelfs haar idool Madonna (onderwerp van twee essays in datzelfde boek) even vergeten was. Zijn dat niet ook allemaal vrouwen... die uit de aard der zaak vrouwenmuziek maken? Tonen die vrouwen niet opzichtig en trots de ongetemde energie waar Paglia zo verzot op is? Zijn zij tuttig? Ouderwets?

'Vrouwenmuziek' weg te zetten als soft en aseksueel, als iets dat aan haar (vrouwelijke!) interviewer een welgemeend 'getver' ontlokt, is een handige truc. Zo distantieert Paglia zich van menselijke eigenschappen waar zij een hekel aan heeft – zwakheid, bedeesdheid, ruggengraatloosheid – en bestempelt ze deze eigenschappen als 'eeuwig en universeel' vrouwelijk. Alsof Paglia zelf geen vrouw is!

Paglia's gelijkstelling van alles wat agressief, arrogant, avontuurlijk en wellustig is met mannelijkheid, en haar verwijzing van al het zwakke, slappe, behoeftige naar het rijk der vrouwen is, naast een heleboel andere dingen, vooral dom. Je vraagt je af waarom een vrouw die zo bovenmatig intelligent is als Camille Paglia zo beperkt is in haar kijk op de seksen. Je vraagt je af waarom een vrouw die zo diepzinnig is als Sheila Nevins, een vrouw die haar hele carrière gebouwd heeft op serieuze films over complexe onderwerpen, als door een wesp gestoken reageert op een vraag die haar aanspreekt als lid van het vrouwelijke geslacht.

In plaats van het beeld dat andere mensen, of zij zelf, van vrouwen hebben te veranderen, presenteert de Female Chauvinist Pig zich liever als iemand die de normale grenzen van de vrouwelijkheid overschrijdt. Als je je terrein alleen maar kunt afbakenen door andere vrouwen naar beneden te halen, door ze zoals Paglia met een hartgrondig 'getver' weg te zetten, te reduceren tot mietjes, zoals Judith Regan graag doet, of tot leeghoofden die zich alleen maar druk maken om hun nagels – het zij zo.

Sommigen doen het heel overtuigend.

Mary Wells Lawrence was een van de eerste vrouwen in de Verenigde Staten met een eigen reclamebureau (een van de succesvolste bovendien) en de eerste vrouwelijke bestuursvoorzitter van een op de New Yorkse beurs genoteerd bedrijf. Ze is een van de grootste reuzen van haar bedrijfstak, man óf vrouw. Wells Lawrence verzon de 'I Love New York'-campagne, volgens velen verantwoordelijk voor de verbetering van het imago van de stad in de jaren zeventig; ook verzon ze de voor generaties Amerikanen onvergetelijke 'Plop Plop Fizz Fizz'-reclamecampagne voor Alka-Seltzer-bruistabletten.

Een van haar eerste successen was een kleurrijke marketingstrategie voor luchtvaartmaatschappij Braniff Airlines in de jaren zestig, die de aanzet gaf tot een transformatie van het uiterlijk van Amerikaanse luchthavens. Wells Lawrence nam afscheid van de saaie, militaire stijl van die tijd en liet de Braniff-toestellen in felle kleuren schilderen. Vervolgens huurde ze Emilio Pucci in, die een opzienbarend uniform voor de stewardessen ontwierp. Een van haar reclamecampagnes draaide om de zogenaamde *'air strip'*: op weg naar tropische bestemmingen wierpen Braniff-stewardessen stukje bij beetje hun Pucci-uniform af. Pucci 'maakte zelfs minuscule bikini's voor ze, piepkleine lapjes stof,' schreef Wells Lawrence in haar autobiografie *A Big Life (in Advertising)*.[16] Deze campagne, met zijn nadruk op mooie jonge vrouwen met steeds minder kleren aan, was wellicht wat aan Gloria Steinem haar beroemde uitspraak 'Mary Wells heeft zich omhoog ge-oomtomd' ontlokte.[17]

In haar autobiografie gaf Wells Lawrence Steinem lik op stuk. 'Wat een mal mens,' schreef ze. 'Ik wilde een groots leven. Ik werkte als een man. Ik praatte er niet over, ik deed het.'

Dat is redelijk vernietigend. En heel overtuigend. Wie zou niet liever doen dan zeuren, liever slagen dan handenwringen? Wie wil er geen groots leven?

Er schort alleen iets aan: ook al ben je een vrouw die het hoogst haalbare bereikt en 'een van de mannen' wordt, je blijft toch altijd een vrouw. En zolang het vrouw-zijn gezien wordt als iets waaraan je moet ontsnappen, als iets dat minder is dan man-zijn, wordt jij zelf ook als minder gezien.

Op de Amerikaanse televisiezender Comedy Central wordt een amusementsprogramma uitgezonden dat *The Man Show* heet en altijd afgesloten wordt met een onderdeel vol stuiterende vrouwen, heel toepasselijk 'Girls on Trampolines' geheten. De oorspronkelijke presentatoren, Jimmy Kimmel en Adam Carolla, zijn er niet meer; Kimmel heeft inmiddels zijn eigen talkshow op ABC. Maar toen ik in 2000 in Los Angeles op de set was, was *The Man Show* een van de best bekeken programma's op de kabel en trok het veel aandacht met zijn geheel eigen versie van 'seksistische lol'. Achtendertig procent van de kijkers van *The Man Show* was vrouw. Twee van de coproducenten waren vrouw.

Net als Sheila Nevins was coproducent Jennifer Heftler een ander mens dan je achter de schermen van zo'n platvloers programma zou verwachten. Ze was een stevig gebouwde vrouw, gekleed in batik, met een libel op haar pols en een roos op haar enkel getatoeëerd. Haar programma omschreef ze als 'vette, domme, melige lol'.

'Een van de voordelen van deze baan was dat ik mezelf niet meer hoefde te bewijzen,' zei ze. 'Voortaan kon ik zeggen: "Ik heb bij *The Man Show* gewerkt", en niemand zou ooit nog denken: daar heb je dat tuttige vrouwtje weer.' Heftler dacht dat vrouwen om die reden ook naar haar programma keken. 'Het is een soort onderscheidingste-ken,' zei ze. 'Vrouwen hebben altijd naar manieren moeten zoeken om mannen op hun gemak te stellen, en dit is ge-woon ook een manier. Als je kunt laten zien dat je een van de mannen bent, dan is dat mooi.'

Die keer dat ik naar een opname ging, was er te weinig plaats voor alle mannen die voor de deur van de studio hadden staan wachten. Een groep stevige jongens in groe-ne T-shirts van de universiteit van Californië wist zich met ellebogenwerk een weg naar binnen te banen.

Don, de kale man die voor de opnames begonnen het publiek opwarmde, leek deze jongens recht aan te kijken toen hij vanaf het podium riep: 'Een paar weken geleden hadden we problemen met mannen die de vrouwen aan-raakten. Je kunt ze niet gewoon bij hun billen pakken – dat doe je thuis toch ook niet? [Trommelslag.] O ja? Nou... ik ook!' De studenten joelden, maar niet met het grieze-lige fanatisme van de man voor hen, die op een van de P's van Peter, Paul and Mary leek. 'Wat de vrouwen betreft,' schreeuwde Don, 'vandaag, en vandaag alleen, zijn jullie eremannen! Pak je pik vast!'

Abby, een brunette in een strakke witte spijkerbroek, werd op het podium geroepen – haar grote kans om een T-shirt te winnen. Ereman of niet, Abby werd gevraagd haar borsten te ontbloten. Ze weigerde, maar was van harte bereid in plaats daarvan een ander meisje te kussen. Een brutale roodharige van begin twintig kwam uit het publiek gerend om haar armen om Abby heen te slaan en haar tong in haar mond te steken. 'Ja! Ja! Ik krijg een har-de van jullie,' krijste Peter/Paul. Hij kreeg bijna een klap op zijn kop van de Californische student achter hem, die voor zijn kruis met zijn vuist heen en weer ging alsof hij aan het masturberen was.

Even later gingen de deuren achter het podium open en daar waren de *juggies* (vrouwen met grote borsten), negen danseressen in pornografische sprookjeskostuums: Roodkapje op leren dijlaarzen met naaldhakken, een herderinnetje met een zo agressieve push-upbeha dat je bijna haar tepels zag, en natuurlijk de Gelaarsde Kat.

Ze mengden zich tussen het publiek, en sommigen deden trucjes aan de paal. Toen het geschreeuw wegstierf, kwamen Adam Carolla en Jimmy Kimmel het podium op, okselfris in identieke streepjesoverhemden. 'Wie kent er een goeie mop?' vroeg Carolla.

'Hoe maak je je vriendin kwaad als je ligt te neuken?' riep een jongen achter in de zaal. 'Bel haar op en vertel het.'

Daarna lieten ze een filmpje zien over een 'vrouwenkeurcentrum', waar een aanstaande bruid beoordeeld werd aan de hand van haar kennis van sport en de manier waarop ze pornoster Ron Jeremy pijpte.

'Man-zijn heeft zo zijn leuke kanten,' verklaarde Jen Heftler. 'Mannen mogen scheten laten, veel herrie maken – en wat wij nu zeggen is denk ik gewoon dat wij net zo goed mogen vloeken en scheten laten en naar seksclubs gaan en sigaren roken.' En die juggies, die moeten we vooral zien als camp. 'In de jaren zestig had Dean Martin zijn Golddiggers, en dat waren eigenlijk ook juggies,' zei Heftler, 'alleen mocht het publiek niet meelachen. Het waren gewoon mooie meiden, want daar hielden mannen nou eenmaal van. Later kon dat niet meer, mocht je vrouwen niet als lustobject gebruiken, dat deugde niet. En nu mag het weer wel, maar dan meer in de vorm van ironisch commentaar, het is niet meer serieus bedoeld. Die meiden zelf begrijpen dat en de vrouwen die ernaar kijken ook.'

Maar toen ik daar in dat publiek zat, vroeg ik me toch af wát we dan precies begrijpen. Dat vrouwen 'blond' en ondeugend zijn? Dat mannen dat graag zouden willen?

'Moet je luisteren,' wierp Heftler tegen, 'onze generatie is wel zo ver dat *The Man Show* er niet meer voor kan zorgen dat mannen een dokterspraktijk binnenkomen en zeggen: "O jee! Een vrouwelijke arts!"'

Haar collega Lisa Page, een lieve, bescheiden vrouw, zei: 'We hoeven ons er niet meer door bedreigd te voelen.'

De avond na de opname ging ik eten met Carolla, Kimmel en Daniel Kellison, medebedenker en producent van *The Man Show*. In het restaurant van het W Hotel in Westwood vroeg ik ze waarom volgens hen achtendertig procent van hun kijkers vrouw was.

'We hebben wat onderzoek gedaan,' zei Carolla, 'en het blijkt dat achtendertig procent van de vrouwen gevoel voor humor heeft.'

Ik lachte. Ik wilde ook een van die vrouwen zijn. De vrouwen in dat restaurant waren net een andere soort: weelderige rondingen aan onmogelijk dunne lijven en haarloze blanke huid zo ver het oog reikte.

'Het is een machtsaspect waar je gebruik van kunt maken, waar carrièrevrouwen gebruik van maken,' legde Kellison uit. 'Als je *Gear* leest en naar ons programma kijkt of naar Howard Stern, dan ken je het culturele fenomeen, dan heb je macht. Je neemt de verantwoordelijkheid voor je eigen leven en je loopt niet rond met de gedachte: ik ben het slachtoffer van de media, ik ben het slachtoffer van de populaire cultuur! En dan kun je dus lachen om meisjes op trampolines.' Hij glimlachte vriendelijk. 'Jij snapt dat.'

Heel even voelde ik iets van triomf.

Kimmel slurpte een oester uit de schelp en begon te grinniken. 'Op de TCA [de jaarvergadering van de vereniging van televisierecensenten] vroeg zo'n vrouw: "Is het niet hetzelfde om een vrouw met grote borsten in je *juggy*-dansgroep te hebben als een zwarte vrouw in een zwartjes-dansgroep?" Ik zei: "Ten eerste is dat de domste vraag die ik ooit gehoord heb."'

'Toen zei Adam: "Laat me je geruststellen: als ik ooit besluit een debielendansgroep te beginnen, ben jij de eerste die het hoort,"' zei Kellison, en ze barstten alle drie in lachen uit.

'Met wat voor vrouwen zijn jullie bevriend?' vroeg ik.

Kimmel keek me aan alsof ik gek was. 'In het algemeen,' zei hij 'willen *vrouwen* niet eens met vrouwen bevriend zijn.'

En daar heb je het. De reden dat het wel goed is voor je ego om Robin Quivers of Jen Heftler te zijn, of mij op het moment dat ik *het snapte*, maar geen oplossing. Het kan best leuk zijn om je bijzonder te voelen, om de *loop-hole woman* te zijn, macht te hebben, een 'ereman' te zijn. Maar als jij de uitzondering bent die de regel bevestigt, en de regel is dat vrouwen minderwaardig zijn, dan heb je geen enkele vooruitgang geboekt.

Vier

# Womyn en bois

Als je de afgelopen vijf jaar in een tijdcapsule zou stoppen, dan zou deze periode eruitzien als een van explosieve seksuele ongeremdheid, opportunisme en herdefiniëring van sekserollen. Het waren de jaren van *Sex and the City*, de 'Brazilian wax', de herleving van de striptease, strings – de jaren waarin vrouwen leerden scoren, of ten minste de jaren waarin de populaire cultuur scoringsgedrag neerzette als emanciperend en cool. Lesbische vrouwen zijn ook vrouwen, en deze trend heeft een aanzienlijke invloed gehad op de wereld van jonge lesbiennes – het milieu. In het milieu, de trekroute New York-San Fransisco, wordt seks zo licht opgevat dat er een nieuw woord voor is ontstaan: 'spelen'. In het milieu zeggen mensen dingen als: 'Ik heb met haar gespeeld', en hebben ze 'speelafspraken'.

Deze achteloze houding ten opzichte van seks is duidelijk herkenbaar op internet. Craig's List, in 1995 begonnen als nieuwsbrief over plaatselijke evenementen die Craig Newark aan zijn vrienden in de omgeving van San Fransisco stuurde, is uitgegroeid tot een website waarop miljoenen mensen dingen kopen en verkopen en afspraakjes met elkaar maken. Het vrouw-zoekt-vrouw-gedeelte van Craig's List is in het milieu inmiddels de populairste ontmoetingsplaats op het net. Een typisch bericht luidt: 'Op zoek naar iets vrijblijvends? Hi! Ik ben een leuke, mooie meid, blank, met kort roodblond haar. Ik ben op zoek naar iemand die foto's wil uitwisselen en zin heeft in een scharrel... en snel ook!' Het was gepost onder de kop 'Speelafspraakje?'.

Offline is de sfeer van ongebreideld seksueel opportunisme er niet minder om. Je voelt het in de vrouwencafés van San Francisco. In de Lexington Club heeft iemand op de muur van het toilet geschreven: 'SF rocks. Ik krijg hier meer kut dan ik aankan.' Je voelt het in New York, waar op een koude avond in de herfst, in een lesbobar genaamd Meow Mix, een meisje met een pet en een wit T-shirt met opgerolde mouwen tegen haar vriendin zei: 'Een of andere femme... een of andere kutfemme. Ik kwam haar drie weken geleden op een feest tegen en ik heb haar geneukt en dat was best. Maar nu stuurt ze me *e-mails* en ik heb zoiets van, doe *normaal*, stom wijf!' Haar borst was zo plat als een dubbeltje: óf ze had zich laten opereren – een dubbele borstamputatie – óf, waarschijnlijker, ze snoerde haar borsten in, speciaal voor het effect. Ze ging met haar arm op en neer alsof ze aan het rappen was en vervolgde: 'Sommige van die meiden – je gaat er een keer overheen en meteen willen ze van alles van je, weet je. Dan heb ik zoiets van, heb ik je klaargemaakt? Ja. Ben ik je nieuwe vriendin voor het leven? Nee. Snap je wat ik bedoel, *bro?*'

Haar vriendin knikte en keek strak naar de blonde go-godanseres die in een piepklein wit broekje op een tafel stond te dansen. 'Wij bois,' antwoordde ze, 'wij moeten één front vormen.'

Er was een moment dat lesbianisme behalve een seksuele voorkeur ook een politieke kleur leek te zijn. Hoe beter te illustreren dat 'een vrouw zonder man [is] als een vis zonder fiets' dan door een vrouw zonder man te *zijn*, een vrouw met andere vrouwen?[1] 'Lesbianisme is een bevrijdingsplan voor vrouwen,' stelden de Radicalesbians toen ze in 1970 op een congres van NOW de microfoon grepen.[2] Het eerste nummer van *The Furies*, een publicatie uit 1972 van een gelijknamig lesbisch-feministisch collectief, verklaarde: 'Lesbianisme is geen kwestie van seksuele voorkeur, maar veeleer een politieke keuze die elke vrouw moet maken wil ze een vrouwgerichte vrouw worden en zodoende een eind maken aan de mannelijke suprematie.'[3] Lesbianisme was uit op de ontmanteling van het dominante paradigma, opstand tegen het heteropatriarchaat en alles wat daarbij hoorde, en seks leek van ondergeschikt belang.

Maar in het milieu wordt wie je bent bepaald door wat je fijn vindt en wat je doet en met wie je het doet. Seksuele voorkeuren en praktijken worden met grote nauwkeurigheid gelabeld. Binnen de Amerikaanse lesboscene is 'lesbienne' een bijna inhoudsloze term en vraagt identificatie om een veel preciezere woordkeuze, zoals: 'Ik ben een femme' (een lesbienne die er traditioneel vrouwelijk uitziet), of: 'Ik ben een butch' (een mannelijke, seksueel dominante lesbienne), of, recent en steeds vaker: 'Ik ben een boi.'

'Boi' wordt net zo uitgesproken als *boy* (jongen), zoals 'womyn' vroeger door Amerikaanse feministen ook werd uitgesproken als *woman* (vrouw). Die *y* was een wat suffe linguïstische poging om het patriarchaat omver te werpen, om de vrouwelijke sekse te herdefiniëren als onafhankelijk, zelfvoorzienend en hervormd. Daar gaat het boi-zijn niet over. Boi-zijn heeft niets te maken met godinnenverering of zusterschap of kruidenthee; een boi is jong, hip, seksueel actief, een tikje mannelijk en altijd in voor een feestje. Zelfs in een geheel vrouwelijk universum zijn er nog vrouwen zat die 'als een man' door het leven willen gaan.

Het bijzondere is dat bois als een heel erg *jonge* man door het leven willen gaan. Het is geen toeval dat het woord 'boi' is en niet een of andere afleiding van 'man'. Mannen hebben verantwoordelijkheden, vrouwen, carrières, autoverzekeringen. Bois doen alleen aan plezier maken en, als ze geluk hebben, seks. 'Ik heb eigenlijk nooit volwassen willen worden, en daar draait het om als je een boi bent', zei Lissa Doty, die zevenendertig was maar eruitzag als vierentwintig. We dronken samen een biertje in de Lexington Club in San Francisco, door iedereen kort weg de Lex genoemd. Ze droeg een wijd T-shirt en een wijde spijkerbroek en had haar geblondeerde haar tot een stijve vin gekneed, als de opstaande schubben van een komodovaraan. 'Ik wil uitgaan en lol maken! Ik wil 's avonds naar het café kunnen gaan en naar feesten en naar de kermis; ik wil spelen. Dat speelse – dat is een groot verschil met als je een butch bent. Voor mij is butch volwassen. Als je een butch bent, ben je een groot mens, de man in huis.' Doty is intelligent, belezen en hoog opgeleid. Ze werkte als koerier voor FedEx omdat, zei ze, 'ik een baan wil waarbij ik aan het eind van de dag de deur achter me dichttrek en er niet meer over na hoef te denken.'

Doty hield van spelen, en ze hield ook van *spelen*. 'Vroeger hoefde je maar met iemand te flirten en dat was dan dat: je zat er voor je leven aan vast. De verhuiswagen stond al voor de deur,' zei ze. 'Ik weet niet of het iets met bois te maken heeft of dat er een kleine seksuele revolutie heeft plaatsgevonden, maar in elk geval kun je nu gewoon een onenightstand hebben, net als homojongens. Vroeger was het allemaal veel serieuzer: als je met iemand flirtte, kon je maar beter haar telefoonnummer vragen en alvast een huis kopen en honden uit het asiel halen. Anders kreeg je de hele lesbische gemeenschap over je heen. Nu is het allemaal veel... speelser.'[4]

Dat speelse, die jeugdige achteloosheid kenmerkt de hele houding van bois tegenover seks en tegenover het leven. 'Niet-monogaam zijn hoort er volgens mij echt bij,' zei Sienna, een elegante boi van halverwege de twintig met een kort, apart kapsel en een gezicht dat, afhankelijk van haar uitdrukking, afwisselend knap en ronduit mooi was. 'In mijn ogen is een boi iemand die niet zoveel hoeft te bewijzen. Bois zijn een beetje stout. Wat seks betreft, maar ook omdat we niet in de nette, frisgewassen, witteboordenwereld thuishoren... we zijn net boefjes. Er zijn ook veel kunstenaars bij.'

Sienna woonde in het DUMBA Queer Performing Artscollectief in de New Yorkse wijk Brooklyn, een woongemeenschap annex kunstenaarscollectief dat zichzelf op internet omschrijft als 'gerund door een losse verzameling visuele kunstenaars, mediakunstenaars, schrijvers, songwriters, dansers, bohemiens, politieke en culturele

activisten en andere rumoerige jongens en meisjes'. Ze
organiseren seksfeesten en kunsttentoonstellingen, en boven de deur van de wc staat niet DAMES of HEREN, maar
TRANNY'S.

Toen ik haar ontmoette, deed Sienna af en toe model-
lenwerk voor Hermès en Miguel Adrover en maakte ze in
het collectief grote, kleurige collages. Ze was pas van San
Francisco naar Brooklyn verhuisd. In San Francisco ging
ze om met 'zwarte vrouwen die op Harleys rondreden en
gestudeerd hadden en van punkrock hielden. Meiden die
je butch zou kunnen noemen... maar ik heb nogal genoeg
gekregen van dat hele butch-gedoe. Toen ik net uit de kast
kwam, voelde ik me prettig in een rok en had ik zo'n enorm
afrokapsel, dus ik zag er nogal meisjesachtig uit. Daarom
kreeg ik allemaal van die butchmeiden achter me aan, en
die pushten me de hele tijd om nóg meisjesachtiger te zijn
en daar hou ik niet van; ik heb helemaal geen zin in die
prinsessenonzin. Ik kom uit Alaska, waar de vrouwen van
zichzelf behoorlijk stoer zijn, en in mijn jeugd ging ik op
jacht met vrouwen van zestig of zeventig. Dus al die vrouwen die zichzelf butch vinden en zo stoer lopen te doen
zeggen me geen reet,' zei Sienna met haar kalme, zachte
stem. 'Voor mij is een boi iemand die niet doet alsof ze zo
vreselijk mannelijk is... iemand die daar te slim voor is. In
San Francisco gebruikten we de term aan de lopende band,
en de laatste jaren hoor ik hem hier ook steeds meer. Het is
iets nieuws.'[5]

Zo nieuw dat de meeste mensen – de meeste lesbiennes
– boven de dertig geen flauw idee hebben wat een boi is.
Deb Schwartz, een achtendertigjarige New Yorkse butch
die al vijftien jaar uit de kast is en onder andere heeft ge-

werkt voor activistische holebi-groepen als Fed-Up Queers en ACT UP en ooit redacteur was bij het tijdschrift *Out,* zei: 'Ik vind het gewoon zo gek dat er opeens zo'n fenomeen is dat compleet nieuw voor me is. Hier zit ik dan, een niet meer zo heel jonge pot, en toen ik de term pas geleden voor het eerst hoorde had ik een gesprek met een vriendin van me, net zo'n grote pot als ik, en ook zij had geen flauw benul. Wat nieuw is, is dat die jongeren echt uit zijn op kinderlijkheid, niet alleen mannelijkheid. Ze willen echt kind zijn. Ik snapte het opeens toen ik in Chelsea een meisje – een boi, dus eigenlijk – in zo'n wijde afzakbroek, met een rugzak en een pet op een winkel uit zag stormen. Ze rende alsof ze te laat was voor de schoolbus... Haar hele manier van doen leek zo op die van een achtjarig kwajochie dat het me niet verbaasd had als ze een katapult in de ene en een kikker in de andere zak had gehad.'[6]

'Tienerjongens, dat is waar bois zich aan spiegelen,' zei Lissa Doty. 'Tienerjongens zijn zelf ook een beetje androgyn. Ze spelen met hun identiteit en de hele wereld ligt voor ze open.' Toen Doty in de jaren tachtig uit de kast kwam, bepaalden het militante feminisme en lesbisch separatisme nog in hoge mate de lesbische cultuur. 'Je had zo'n hele beweging die droomde van een *vrouwenland* en *vrouwen die huizen bouwen op vrouwenland* en die zich helemaal van de gewone wereld afzonderde,' zei Doty spottend. 'Ik had het gevoel dat ik alleen maar een goede lesbienne was als ik mannen helemaal afzwoer, maar ik vond mannen als mens best leuk; ze waren mijn vrienden. Het was toen echt totaal anders dan nu.'

Waar lesbische separatisten van weleer mannen uit hun leven probeerden te bannen, zijn bois als Doty helemaal niet meer geïnteresseerd in vaststaande ideeën over wat een man is en wat een vrouw. 'Bois zijn opener, soepeler. Ik wil niet voor de transseksuele gemeenschap spreken, maar ik denk dat er een heleboel trannybois zijn die niet de hele weg afleggen, die niet denken: ik moet in dat sjabloon passen. Die zeggen: het is niet erg als ik geen hormonen slik, ik hoef me niet te laten opereren, ik kan mezelf nog steeds een boi noemen. Dat is fantastisch. Ik vind het te gek dat een label zo flexibel is. Ik zie het meer als een spectrum, in plaats van één bepaald type.'

Boi-zijn betekent voor verschillende mensen verschillende dingen – het is een rekbaar begrip en daar draait het nu juist om. Sommige mensen die zich boi noemen bedoelen gewoon dat ze jong en cool zijn, en waarschijnlijk promiscue. Sommigen, zoals Doty, houden van andere bois en zien zichzelf als 'nichten', terwijl anderen alleen op femmes vallen. Weer anderen zijn vrouw-naar-man transseksuelen (ook wel FTM's of tranny's genoemd) in verschillende fasen van het proces van geslachtsverandering – ze ondergaan operaties, gebruiken testosteron ('T') of nemen simpelweg het persoonlijk voornaamwoord *hij* aan. Neem dit bericht op LiveJournal, een website waarop leden een dagboek bijhouden dat anderen kunnen lezen: 'Mijn verhaal is dat ik een butch ben (of zoiets), die woont in Minnesota. Ik noem mezelf meestal trans, maar het is niet mijn bedoeling om van wat ik nu ben in een man te veranderen. Gek genoeg voel ik me heel erg op mijn gemak in dit grijze gebied… mijn leven is gemakkelijk als ik het gewoon leef, in plaats van dat ik het als een afhaalmaaltijd in een doosje probeer te krijgen.' Naast het bericht staat een foto van hoofd en schouders van een jong iemand met ontbloot bovenlijf. Die iemand heeft sproeten en kort, warrig, rossig haar en kan zowel man als vrouw zijn, ergens tussen achttien en dertig jaar. Hij/zij ziet er gelukkig uit.

Veel bois, waaronder veel FTM's, zien zichzelf als deel van de 'genderqueer'-beweging, die het 'binaire denken over gender' op de helling zet. De verdeling van de wereld in mannen en vrouwen, of butches en femmes, is in hun ogen geen bijzonder ontwikkelde manier om naar sekserollen te kijken. 'Ik ben zo verschrikkelijk tegen die tweedeling butch-femme,' zei Julien (geboren Julie) Rosskam, een knappe vierentwintigjarige documentairemaker en producer van de Brooklynse zender Dyke TV. Rosskam, die al maanden testosteron gebruikte, corrigeert je als je 'zij' zegt, wat een interessante situatie schept: een van de drie mensen achter de pottenzender Dyke TV is een 'hij'. Rosskam probeerde geld bij elkaar te krijgen voor een dubbele borstamputatie.

Ondanks de hormonen en de toekomstige operatie en het verplichte 'hij' vond Rosskam het idee dat er twee duidelijk van elkaar te onderscheiden genders zouden zijn, met niets ertussen, beperkend en kortzichtig. 'Ik word er heel defensief van; ik heb er een hekel aan dat mensen het nodig vinden om mensen in categorieën in te delen. Als je een hele groep vrouwen hebt, kun je die van het meest vrouwelijk naar het meest mannelijk op een rijtje zetten, maar in onze wereld is alles een tegenstelling en dat vind ik gewoon zo bekrompen.'[7]

Het verwarrende is natuurlijk dat iemand die weigert om gender in man-vrouwtermen te zien, het desondanks nodig vindt hormonen te slikken en zware operaties te ondergaan. Maar geslachtsverandering is heel populair. De overgang van vrouw naar man komt in het milieu zoveel voor dat ze er een term voor hebben: *butch flight*. Dit slaat op vrouwen die vinden dat de traditionele definitie van vrouwelijkheid niet bij hen past – vrouwen die zich in een ander lesbisch tijdperk butch zouden hebben genoemd – en zichzelf steeds vaker als transseksueel zien en doen wat ze kunnen om hun lichaam aan dat zelfbeeld aan te passen.

'Ik heb een heleboel verschillende fasen van trans voorbij zien komen, en eerlijk gezegd denk ik dat er HEEL VEEL verwarde lesbiennes rondlopen,' schreef een FTM genaamd Ian me in een e-mail.[8] Toen ik in Prospect Park in Brooklyn met Ian afsprak, had ik moeite hem te vinden. Ik had verwacht dat hij eruit zou zien zoals de andere FTM's die ik had ontmoet: als een pot die op een of andere manier net ietsje anders was. Maar Ian zag eruit als een man en klonk als een man… een *echte jongen*, zoals Pinocchio zou zeggen. Hij slikte op dat moment al acht maanden testosteron en had een jaar eerder een borstoperatie ondergaan. Voor de operatie 'ging ik naar een vent die Reardon heette, aan Park Avenue,' vertelde Ian. 'Geslachtsveranderingen zijn een soort hobby van hem. Je komt binnen en dan zitten daar allemaal van die superrijke vrouwen die voor implantaten komen, en daar zat ik dan tussen.'

Voor een tweeëntwintigjarige transseksueel – en sowieso voor een tweeëntwintigjarige – had Ian opvallend weinig twijfels omtrent zijn identiteit. 'Ik voelde me al zo toen ik drie was,' zei hij. 'Ik heb me nooit lesbisch gevoeld; ik had altijd het gevoel dat ik een jongetje was.' Ians ondubbelzinnige gevoel van manlijkheid is een uitzondering binnen het milieu. Daar kwam hij achter toen hij zich in New

York vestigde en naar bijeenkomsten voor FTM's in het Lesbian, Bisexual, Gay, Transgender Community Center ging. 'Ik kwam er maar heel af en toe, want met veel mensen daar kon ik me maar moeilijk identificeren,' zei Ian. 'Naar sommigen hoefde je maar te kijken en je dacht: jouw problemen liggen niet op dit terrein... jouw problemen liggen overal, maar niet hier. Ik bedoel, het spectrum is breed en gender is een rekbaar begrip en zo,' zei Ian, draaiend met zijn ogen, 'maar volgens mij zijn er ook mensen die zich aan die term – de term "trans" en de term "boi" – vastklampen, en dan heb je toch zo je bedenkingen. Ik zit op al die Yahoo-groepen voor transmannen. Laatst zat ik daar te lezen en de vraag waarover gediscussieerd werd, was: *Word trans de nieuwe mode?* En soms vraag ik me inderdaad af of dat zo is.'

Een lesbische vriendin van me vertelde me laatst dat ze een tijdje serieus had overwogen haar borsten te laten weghalen, zoals veel van haar andere vriendinnen al gedaan hadden. Ze zei: 'Als je met een stel tranny's omgaat heeft dat gewoon invloed op je... net zoals wanneer je omgaat met mensen die allemaal een tattoo hebben, snap je?' Ze wees op haar tattoo.

Omdat er zoveel mensen zijn die zich trans of boi of FTM noemen, en omdat die termen zoveel kunnen betekenen, voelde Ian op websites als Craig's List, waar hij kwam om vrouwen te leren kennen, de behoefte om heel duidelijk te zijn over zijn identiteit en zijn lichaam. 'Ik heb het gevoel dat ik het van tevoren precies moet zeggen. *Luister: dit ben ik en dit heb ik gedaan.* In plaats van alleen maar: ik ben trans. Want dan kunnen mensen denken: oké, je identificeert je met mannen en je ziet er waarschijnlijk uit als een beginnende puberjongen en je slaapt links en rechts met mensen. Een van de redenen dat het voor veel mensen zo aantrekkelijk is om een boi te zijn, is het niet-monogame. Er is minder betrokkenheid, heel veel NSA [internettaal voor een speelafspraak met No Strings Attached]. Héél veel NSA. Betrokkenheid is niet zo nodig als je zo soepel bent.'

Ondanks al het gepraat over soepelheid en de moeite die mensen als Lissa Doty en Julien Rosskam doen om genderidentiteit een nieuwe invulling te geven, bestaat er ook een ander kamp van bois, die alleen uitgaan met femmes en een onderlinge code hanteren die goed verwoord wordt met de kreet '*bros before hos*' (broeders voor sletjes) of '*bros before bitches*' (broeders voor wijven). Dit betekent dat ze de eveneens op mannelijkheid gerichte vrouwen met wie ze omgaan tot een andere, hogere categorie rekenen dan de vrouwelijke vrouwen met wie ze seks hebben. Deze bois grijpen op een bijna komische manier terug op de genderrollen van de jaren vijftig, alleen zijn zij nu degenen met de broek aan – zo geven ze een heel nieuwe betekenis aan het begrip Female Chauvinist Pig.

Alix, een boi uit Brooklyn, zei dat we op een zondagavond in homobar Starlight in de East Village konden afspreken. Ze kwam niet opdagen en legde later in een e-mail uit waarom niet: 'Ik heb je niet gezien, maar ik zou liegen als ik zei dat ik er was. Het regende en ik moet wel weten wat ik krijg als ik voor een of andere meid door de regen ga; dan moet ze dus wel de moeite waard zijn. En trouwens, ík hoor te bepalen hoe het gaat.'

Tijdens een interview liet Sarah, een achtentwintigjarige marktanaliste, me een e-mail zien die ze van een internetkennis, ene Kelli, had gekregen, over een femme die ze allebei kenden. Kelli schreef: 'Ik hoop dat je je niet druk om haar maakt, dat je alleen maar met haar neukt of wat dan ook. Zal ik haar voor je in de gaten houden? *Bros up, bitches down.*' Kelli's uitsmijter was een variatie op een kreet uit het pooiermilieu: *pimps up, hos down* (pooiers boven, sletjes onder).

Sarah vertelde me dat ze via internet – op Craig's List, Nerve.com en via de oproepen op de website PlanetOut – 'misschien wel dertig' femmes had ontmoet. Af en toe gebruikte ze het kopje 'boi zoekt meisje' in plaats van 'butch zoekt femme', gewoon voor de verandering én omdat boi de coole term is. Maar ze was niet dol op alle implicaties van het woord. 'Het zit me niet helemaal lekker omdat zoveel mensen die ik ken denken dat boi betekent dat je trans bent, of een flikker' – waarmee ze butch-met-butch of boi-met-boi bedoelde. 'Ik wil absoluut niet dat mijn naam met een van die termen in verband wordt gebracht. Ik begrijp de flikkercultuur niet… ik vind het maar smerig,' zei ze met een vies gezicht. 'Wat ik leuk vind aan vrouwen is vrouwelijkheid,' zei ze. 'Ik ben geïnteresseerd in vrouwen die eruitzien als vrouwen, die bewegen en ruiken en aanvoelen als vrouwen, en ik snap niet waarom twee potten het met elkaar zouden doen.'

Sarah had een gave, bleke huid en heel kort zwart haar met hier en daar een plukje zilverwit. Ze droeg een wijde spijkerbroek en een streepjesoverhemd met opgerolde mouwen onder een blauwe gilet. Ze zat met haar benen ver uit elkaar en haar stevige armen over elkaar geslagen, als een toonbeeld van stoerheid. 'Femme-met-femme slaat volgens mij ook nergens op. Het is lucht. Lucht met lucht. In mijn ogen is dat toch meer spannend voor mannen… lange nagels, je weet wel. In een butch-femmeverhouding kijk je niet in de spiegel. Wat ik mensen vaak hoor zeggen over homoseksualiteit in het algemeen is dat het narcistisch is. Dat heb ik al zoveel mensen horen zeggen, en niet alleen mijn moeder.'

Hoewel Sarahs manier van contacten leggen een beetje aan het jagen van roofdieren deed denken, waren haar plannen voor de toekomst een heel stuk conventioneler: op een dag zou ze haar ruige vrijgezellenbestaan eraan geven en een geregeld leven gaan leiden. 'Ik heb een beeld in mijn hoofd van een huishouden waar veel mensen waarschijnlijk misselijk van worden, maar dat voor mij helemaal klopt,' zei ze. 'Wat ik wil is een baan en een gewoon leven, en ik wil een partner met een baan en een gewoon leven, en een hoge levensstandaard, en ik wil kinderen die naar school gaan en hun huiswerk doen en uitstapjes maken met hun ouders.' Ze glimlachte even tevreden, als een sporter die op het punt staat zijn tegenstander de genadeslag te geven. 'En, weet je, als ik na een lange dag werken thuiskom, wil ik dat mijn vrouw mijn pik afzuigt.'[9]

San Francisco is een goede stad voor fietsers en lesbiennes. Beide schuimen de straten af alsof de stad van hen is, speciaal voor hen gebouwd is. Automobilisten en hetero's worden geduld. In de buurt rond Dolores Park wonen lesbiennes met basketbalpetjes, met kapsones, met neuspiercings als van een stier, met kinderen, met Subaru's, met motoren, met geld. Zoals iemand uit de buurt het verwoordde: 'Al ben je roze met paarse stippen: als je gay bent en naar San Francisco komt, heb je zo een gemeenschap om je heen.'

Op een warme avond in de herfst wachtten Diana Cage, hoofdredacteur van het lesbische tijdschrift *On Our Backs* (een seksuele verwijzing naar de titel van het langstlopende feministische tijdschrift van de Verenigde Staten, *Off Our Backs*), en haar vriendin Kim op een tafeltje in een Italiaans restaurant niet ver van de Lex. Daar liepen ze Gibson, Diana's ex-vriendin, en hun andere vriendin Shelly tegen het lijf. Gibson en Shelly kwamen net van *football*-training.[10]

'Hoe ging het?' vroeg Diana. Ze had lang haar en lange wimpers, ze droeg een rok en had lippenstift op en gelakte teennagels.

'Football! Hoeha!' zei Gibson, half voor de grap. Shelly, een stevige meid in een mouwloos T-shirt, liet ter verduidelijking haar spierballen zien. Op een van haar bovenarmen had ze een tattoo van een hart met het woord 'mam' erdoor. Diana stak een sigaret in haar mond en Shelly hield er onmiddellijk haar aansteker bij. 'We zien jullie later in de Lex,' zei Gibson, waarna ze samen met Shelly wegliep.

Diana keek de twee stoere butches na en zei: 'Ik heb iets met clichés.'

Toen ze aan tafel zaten, begon Kim zich zorgen te maken over de avond die voor hen lag. Clara, de boi met wie ze een relatie had, zou zich later bij hen voegen, maar de sfeer tussen de twee was behoorlijk gespannen. 'Toen we net met elkaar gingen was Clara's grootste angst dat ik zou proberen haar te neuken,' zei Kim, een knap, punkachtig meisje van vierentwintig dat wel een beetje op de actrice Rachel Griffiths leek. Ze noemde zichzelf een 'echte femme', maar ze gebruikte weinig make-up en had als sieraad alleen een tijgeroog in haar onderlip. 'Ik vind bois het aantrekkelijkst. Dat jonge, androgyne vind ik leuk, maar ik heb ook andere vriendinnen gehad: butches, femmes, tranny's. En dat zit Clara nogal dwars. Zij heeft tot nu toe eigenlijk alleen maar heterovriendinnetjes gehad.' Kim lachte een beetje spottend. 'Ze voelt zich ook bedreigd omdat ik niet compleet herrenloos en ijdel ben... het was een grote opluchting voor haar dat ik strings draag.'

'Ik heb Kim en Clara min of meer gekoppeld,' vertelde Diana. 'Clara is iemand die ik absoluut een boi zou noemen, al zou ze dat nooit van zichzelf zeggen, daar is ze veel te cool voor. Weet je, nu is het weer *retro* om butch te zijn, omdat er zoveel bois rondlopen en vanwege die zogenaamde *butch flight*.'

'Clara en haar vriendinnen hebben een enorme afkeer van die transmode van de laatste tijd, daar is ze echt heel fel over,' zei Kim. 'Maar hoe langer ik met haar omga, hoe meer ik ervan overtuigd raak dat ze zelf stiekem ook zo is: ze is geobsedeerd door geslachtsoperaties. Echt geobsedeerd. Ze heeft het er nooit over dat ze lesbisch is of zo. En al haar lesbische eigenschappen, emotioneel of fysiek, ziet ze als iets negatiefs. Ik heb nog nooit iemand ontmoet die zo graag een jongen wilde zijn als zij.' Kim zweeg even nadenkend en besloot toen: 'Terwijl een butch er volgens mij toch minder moeite mee heeft dat ze gewoon een vrouw is.'

'Ik heb helemaal niets met die *bros-before-hos*-mentaliteit,' zei Diana, 'en die associeer ik toch vooral met bois. Voor bois is het net zoals op de middelbare school: ze maken zich druk om hoe ze eruitzien en denken dat het misschien niet cool is om een vriendinnetje te hebben, want wat zullen hun vrienden er wel van zeggen?'

Kim keek steeds ongelukkiger en schoof haar pasta heen en weer over haar bord. 'Het heeft allemaal te maken met hun houding tegenover vrouwen in het algemeen – die zien ze dus echt als een prooi. Clara maakt niet alleen vage opmerkingen in de trant van: die ziet er lekker uit. Nee, ze heeft het er aan één stuk door over dat ze die of die mee naar huis wil nemen om te neuken.' Ze keek Diana aan. 'Nu ben ik zenuwachtig, want straks zie ik haar en ik heb me niet opgetut. En dus heb ik opeens het gevoel dat ik het een of andere vent naar de zin probeer te maken. Het is alsof ik weer terug ben bij af.'

Later, in de Lex, probeerde een vrouw met vettig, lang grijs haar, een lange grijze Fu Manchu-baard en een pet op haar hond uit haar bierglas te laten drinken. Er waren veel hanenkammen en verwarrend veel vrouwen met gezichtsbeharing, en er stond een pooltafel.

Gibson en Shelly zaten achterin bier te drinken en de speltactiek van hun team door te nemen, Diana voerde een telefoongesprek met Clara. Ze klapte haar mobiel dicht en zei: 'Ze doet weer eens lullig. Ze komt niet.'

'Wat zei ze dan?' vroeg Kim teleurgesteld.

'Ze doet gewoon lullig.'

Kim ging naar huis.

'Wat zei ze nou?' vroeg Shelly toen Kim weg was.

'Ze zei dat ze pas kwam als ze zeker wist dat ze een beurt zou krijgen.' Diana's telefoon ging weer. 'Dat was Clara weer. Nu komt ze wel.'

Gibson rolde met haar ogen. 'Ik maak me wel eens zorgen om haar,' zei ze. 'Maar eigenlijk maak ik me bij elke meid van twintig zorgen dat ze opeens haar tieten eraf laat hakken.'

Clara zag eruit alsof ze te jong was voor het uitgaansleven, te klein voor de achtbaan. Diana trok Clara op haar schoot en zei: 'Voor mij is ze wel aardig omdat we niets met elkaar hebben, maar als ik je vriendinnetje zou zijn, was je vast een enorme klootzak!'

De volgende avond was het een stuk frisser, maar het rook heerlijk buiten en Gibson stuurde haar motor soepel door de bochten de heuvels op en af. Rond tien uur ging ze naar Club Galia voor 'In Bed with Fairy Butch', een pikant variété dat sinds 1995 wordt opgevoerd door een vrouw die Karlyn Lotney heet. Lotney is een kleine, forse butch die veel jiddische uitdrukkingen gebruikt, een soort lesbische versie van Nathan Lane. Ze geeft regelmatig cursussen als 'Betere Seks voor Femmes/Butches' en 'Pottenseks: een kennismaking', maar ze dankt haar bekendheid vooral aan haar shows. Ze riep iemand uit het publiek op het podium en vroeg aan haar: 'Van wat voor jongen of meisje hou jij?'

'Die daar,' zei de vrouw, wijzend op haar vriendin.

'Hè, bivakeer jij soms in een of andere griezelige, monogame non-San Francisco-dimensie?' vroeg Lotney. Ze liet de vriendin naar voren komen en het stel zoende en betastte elkaar een paar minuten lang voor een joelend publiek. 'Oké! Zo kan ie wel weer! Wie wil er een beurt?' krijste Lotney.

Een homo van in de twintig kwam het podium op en wilde wel eens een zoen van een vrouw. 'Als ze maar heel dominant is,' zei hij.

Lotney glimlachte. 'Laat hem maar eens zien hoe wij

dat tegenwoordig doen, dames!' Een gespierd meisje met een kaalgeschoren hoofd sprong op het podium, pakte de man vast en kuste hem met een indrukwekkende portie agressie. 'Zo is dat!' riep Lotney. 'Dit is San Francisco! Zo doen we dat!'

Toen ze klaar waren, kleedde een stripdanseres, dik en zwaar opgemaakt, zich tot op haar onderbroek uit voor ze het publiek in liep en met een dildo begon te zwaaien, die ze uiteindelijk in haar mond stak.

Gibson reed de nacht weer in.

Ze parkeerde haar Honda Nighthawk naast een rijtje andere motoren en liep de tuin in van haar favoriete tent, de Eagle, een bar waar op televisieschermen sadomasochistische homoporno te zien is. Ze wees naar een donker plekje achter de betonnen barbecue. 'Daar had ik op een avond wilde seks met een of ander meisje,' zei ze. 'De volgende ochtend dacht ik bij mezelf, wat heb ik gedaan? Hoe oud was ze eigenlijk? Een paar weken later kwam ik haar op straat tegen en zijn we een biertje gaan drinken. Ze was een beetje een artistiek figuur, zo een die nooit een direct antwoord geeft, maar ik bleef het vragen, tot ze uiteindelijk zei dat ze achtentwintig was. Daarna hadden we weer wilde seks. Maar nu binnen.'

Gibson vertelde dat ze niets tegen een vaste relatie zou hebben. 'Ik probeer heus wel volwassen te worden,' zei ze. 'Maar het gebeurt gewoon niet.'

Sommige aspecten van het leven in de lesbische gemeenschap zijn karakteristiek en niet te vergelijken met het leven in de heteroseksuele mainstream, en het jonge milieu van San Francisco en New York is natuurlijk maar een klein deel van lesbisch Amerika. Maar ondanks de verschillen tussen het milieu en, laten we zeggen, vakantievierende hetero's op het strand, zijn er ook veelzeggende overeenkomsten in de manier waarop jonge vrouwen overal in dit land tegen zichzelf, hun lichaam, seks en elkaar aankijken. Vrouwen willen 'als een man' door het leven gaan en steken daar veel energie in; FTM's *worden* zelfs echt mannen. Er heerst minachting voor 'meisjesmeisjes' of 'bitches' of 'sletjes', verwarrend genoeg gekoppeld aan een fixatie op stereotiepe vrouwelijke vrouwen (vooral als ze uit de kleren gaan of op tafels dansen). Plastische chirurgie – borstvergrotingen voor heterovrouwen, borstamputaties voor FTM's – is zo populair dat het wel een rage lijkt. Losse seksuele contacten komen veel voor en worden vaak voorafgegaan door een openbaar spektakel: een CAKE-feest in New York, waarbij mannen en vrouwen luidkeels de blote dames op het podium aanmoedigen; een disco in Miami, waar een dronken meisje gehoor geeft aan het verzoek van Girls Gone Wild en haar tieten laat zien; 'Fairy Butch' in San Francisco, waar een club vol lesbiennes uit haar dak gaat bij het zien van een naaktdanseres die met een dildo staat te zwaaien.

Lesbiennes zijn ook vrouwen.

Vijf

# Varkentjes in opleiding

Het gerucht gaat dat 'regenboogfeestjes' de nieuwste rage zijn onder tieners. Regenboogfeestjes zijn ouderwetse slaappartijtjes, maar dan met een eigentijdse invulling: alle meisjes op het feest doen een andere kleur lippenstift op, ze nodigen één bofkont van een jongen uit en trakteren hem om de beurt op orale seks, totdat... voilà... zijn penis een kleurkaart is.

Iedereen heeft het over regenboogfeestjes, maar niemand heeft er ooit zelf een meegemaakt, wat mij doet vermoeden dat regenboogfeestjes meer gemeen hebben met eenhoorns dan met een doorsneevrijdagavond. (Regenboogfeestjes mogen niet worden verward met de zogenaamde 'Rainbow Gatherings', die ook te maken hebben met jonge mensen, felle kleuren en losse seks, maar overal ter wereld in de natuur plaatsvinden, met behalve fellatio veel muziek, kampvuren en oude ambachten.) Maar al zijn regenboogfeesten een verzinsel, het klimaat waarin ze denkbaar zijn is maar al te echt.

In december 2002 bedreef een schoolmeisje in Kingston, Massachusetts, fellatio op de jongen die naast haar in de schoolbus zat, terwijl hun klasgenoten toekeken.[1] In 1999 was hetzelfde al eens gebeurd met een stel brugklassers in een bus in Talbot County, Maryland, waar rond dezelfde tijd een meisje haar buurjongen in een volle aula een pijpbeurt gaf.[2] Deze incidenten vormden wellicht de inspiratie voor twee dertienjarigen in Beaver County, Pennsylvania, die in 2004 na een schoolreisje geschorst werden vanwege orale seks – zij deed het bij hem – achter in de bus.[3]

In de winter van 2004 maakte een meisje uit de tweede klas van Horace Mann, een van de beste privé-scholen in New York, een digitale opname van zichzelf terwijl ze masturbeerde en fellatio nadeed met een Swiffer-vloer-zwabber.[4] Ze stuurde het filmpje naar een klasgenoot die ze leuk vond, en met de ridderlijkheid die zo kenmerkend is voor puberjongens stuurde hij het filmpje prompt door aan al zijn vrienden. Niet veel later zette iemand met de schermnaam 'nyprivateschool' het materiaal op Friendster, een website waarop mensen van alle leeftijden een eigen profiel aanmaken, naar hun vrienden linken, contact maken met de vrienden van hun vrienden en zo uitgebreide online netwerken vormen. Nadat het filmpje op Friendster was verschenen begonnen mensen de school Ho Mann te noemen (*ho* is slang voor hoer) en werd het incident 'Swiffergate' gedoopt. Wat het meisje zelf betreft: net als bij Paris Hilton vóór haar, zorgde de verspreiding van haar amateur pornofilmpje voor een enorme stijging van haar populariteit. 'Mensen zeiden dat ze haar in de gang handtekeningen zagen uitdelen,' vertelde de zeventienjarige Talia, leerlinge van de Trinity School in Manhattan.[5]

'Op schoolkamp maakten we met z'n allen raps, korte spotliedjes,' vulde een van haar klasgenoten aan. 'Een van de teksten was: "Het was het jaar van Paris Hilton en de *Ho Mann ho*!"'

Later dat jaar deden zich pijpproblemen voor op Fieldston, een andere New Yorkse eliteschool. Een blank meisje had orale seks met een zwarte jongen. Niet lang daarna zette hij haar aan de kant, waarop zij hem in een chatgesprek met een vriendin een nikker noemde en nog een heleboel andere lelijke dingen over hem zei. De vriendin vertelde het aan een paar andere mensen, en de volgende dag op school printte iemand het gesprek uit. Al snel had de rector het in handen. 'Toen moesten we met z'n allen naar de aula en het meisje bood haar excuses aan in een brief, die door iemand anders werd voorgelezen,' zei Daniel, die in de onderbouw van Fieldston zat. 'Het meisje was toen nog een dag op school. Daarna werd ze geschorst. Toen kwam de disciplinaire commissie bij elkaar en die heeft wel drie uur zitten vergaderen en aan het eind vroegen ze haar te vertrekken.' Ze werd gestraft, dat staat vast, maar ze was ook het gesprek van de dag.

Op een zaterdagmiddag in het voorjaar vroeg ik aan een stel tieners in een winkelcentrum in Connecticut, het Stamford Town Center, of ze zich konden voorstellen dat iets dergelijks op hun school zou gebeuren. Alexa, een bovenbouwer op de Oyster Bay High School die op zoek was naar lange oorbellen, zei dat ze zoiets 'absoluut' niet vreemd zou vinden. Ze droeg een T-shirt met de tekst 'geiten houden van knabbelen' boven een getekend geitje dat van haar nog prille borsten leek te eten. 'Op mijn school is het heel gewoon dat meisjes uit de onderbouw omgaan of seks hebben met jongens uit de bovenbouw,' zei ze. 'Ouders bellen de hele tijd met school, zo van: wat doet die jongen bij mij thuis, mijn dochter zit nog maar in de brugklas. Ze kleden zich zo uitdagend dat jongens helemaal niet kunnen zien hoe oud ze zijn... ze zien alleen maar een lekker wijf.'

Zoals zoveel tieners droegen Alexa's klasgenoten meestal 'hemdjes met een kort rokje eronder', zei ze. 'Ik noem het een riem, want ze zijn zo kort dat ze meer op een riem lijken.' Alsof het afgesproken werk was, kwamen er net op dat moment drie giechelende meiden met hemdjes en riemen een winkel uit. Twee zeiden dat ze twaalf waren, de derde was dertien. Ze droegen alle drie een string, zeiden ze. (De string is letterlijk een bijproduct van de seksindustrie. In 1939 stond de New Yorkse burgemeester Fiorello La Guardia erop dat de exotische danseressen van de stad gedurende de Wereldtentoonstelling hun genitaliën bedekten, en de string werd in het leven geroepen om aan zijn cis gehoor te geven én tegelijk nog zoveel mogelijk te laten zien. Nu is de string de favoriete onderbroek voor (pre)pubermeiden. In het winkelcentrum zag ik Hello Kitty-strings; Abercrombie & Fitch – een modemerk dat zich onder andere richt op kinderen van zeven tot veertien jaar – heeft een string in de collectie met daarop de woorden *wink wink*, en een andere met een verwijzing naar snoepjes; winkelketen Hot Topic verkoopt een Cat in the Hatstring, Delia's heeft een kleine katoenen string met Bart

Simpson erop, en een andere met de vraag *feeling lucky?*
en een klavertje vier op het kruis. Op de jongerensite Dr.
Jay's wordt een string aangeboden met het Playboy-logo in
kleine glinstersteentjes, met een bijpassend hemdje. Toen
de *Washington Post* Hugh Hefner vroeg of het hem zorgen
baarde dat zijn bedrijf zich op tieners richtte, antwoordde
hij: 'Wat mij betreft zwaaien baby's met Playboy-ramme-
laars.'[6])

Alexa dacht even na. 'Ik geloof eigenlijk dat er op onze
school al zoiets gebeurd is,' zei ze en ze haalde een op-
gevouwen velletje papier uit haar tas. Het was een print
van het weblog van haar klasgenote Jen op LiveJournal,
een website met meer dan drie miljoen gebruikers die uitermate populair is onder tieners, vooral meiden. (Net als
Friendster biedt het mensen de mogelijkheid om elkaar te
ontmoeten, of in elk geval elkaar virtueel te ontmoeten.)
Het stukje op Jens weblog luidde: 'Grappig hoe je dat zegt:
"ik hoef geen zure tranen te huilen om aandacht te krijgen,
ik draag gewoon een heel laag truitje." Je geeft dus toe
dat je een slet bent? Dat wist ik al, dus hou nou maar die
grote bek van je, die uitgerekt is van die 5 pikken die je 10
minuten geleden afgezogen hebt, en zet je oren open pok-
kenwijf.'

Het onderwerp van deze uitbarsting, het meisje met het
lage truitje, had op school kopieën uitgedeeld om iedereen
te laten weten dat ze ervan beschuldigd werd zich uitdagend te kleden en jan en alleman te pijpen... wat niet heel
erg verrassend is als je bedenkt dat slettig gedrag en er-
kenning daarvan (ze werd geschorst) voor vrouwen op dit
moment de snelste weg naar het sterrendom is, zowel op
school als in de volwassen wereld.

Wat al deze gebeurtenissen gemeen hebben, is exhibitionisme en orale seks – orale seks voor jongens, wel te verstaan. Net als de mythische regenboogfeestjes draaien deze situaties om meisjes die zich erotisch presenteren en jongens die letterlijk achterover leunen en er hun voordeel mee doen. 'Veel jongens verwachten orale seks,' zei Talia. 'Meisjes niet... dat zou heel raar gevonden worden.' (Die opvatting werd bijna unaniem bevestigd door de vijftig jongeren tussen twaalf en achttien jaar die ik sprak; klinische gegevens over het aantal jongens en meisjes dat wel of niet aan orale seks doet zijn er niet.) Ik vroeg aan Talia of meisjes eigenlijk seksuele bevrediging terug verwachtten voor hun diensten. 'Op school zijn de meeste meisjes volgens mij helemaal niet met orgasmes bezig,' zei ze, 'maar de meeste jongens wel. O ja, echt wel.'

Jessica, een scholiere uit Zuid-Californië, heeft een eigen pagina op LiveJournal – een mozaïek van foto's van Paris Hilton met daarboven de tekst: 'Je bent een gruwelijk gelukkige en populaire blondine, volgens sommigen zo oppervlakkig als maar kan. Waarschijnlijk zijn ze gewoon jaloers op je geluk. Ik bedoel... je bent mooi en populair en je hebt een vriend... wat wil je nog meer in het leven?' Behalve Paris Hilton was ook Pamela Anderson een idool van Jessica. 'Ze hebben een goeie stijl en ik heb blauwe ogen en verf mijn haar blond en let op mijn gewicht,' zei ze via MSN. Haar sociale omgeving omschreef ze als seksueel actief, waaraan ze toevoegde dat orale seks doodgewoon was, 'vooral voor jongens', maar voor meisjes 'niet zo erg, misschien omdat ze zich opgelaten voelen als iemand daar beneden iets doet'. Jessica vond dat er 'niet zo heel veel verschil' was tussen orale seks en geslachtsgemeenschap, omdat je het allebei 'net zo makkelijk' doet. 'Volgens mij zijn mensen van mijn leeftijd (16-17 jaar) tegenwoordig zo wanhopig dat het ze niet zoveel uitmaakt wie het met ze doet,' besloot ze.

Een van de redenen waarom ze zo onkritisch zijn in hun partnerkeuze is dat de kwaliteit van deze seksuele ontmoetingen, in termen van gevoel of betekenis, er niet echt toe doet. Jessica omschreef seks als iets wat ze vooral gebruikten om over op te scheppen. 'ja, ik heb een goed voorbeeld voor je! oké, elk weekend spreek ik af met een groep vrienden en vriendinnen en dan spelen we een spel dat "slet in de tent" heet. iedereen steekt zijn handen op en dan zeggen we om de beurt iets als "ik heb het nog nooit gedaan" en "ik heb nog nooit een pornofilm gezien" enz. en als jij dat wel hebt gedaan doe je een vinger naar beneden. de eerste die alle tien zijn vingers naar beneden heeft wint! "slet in de tent."'

Dit zijn geen verhalen over meisjes die seksueel aan hun trekken komen, het zijn verhalen over meisjes die sociaal aanzien verwerven door hun seksualiteit als instrument te gebruiken. Hoewel het 'heel raar' wordt gevonden als een meisje uit is op seksuele bevrediging, is het van het grootste belang dat ze er sexy, uitdagend, gewillig, wild uitziet. (Wat dat betreft is internet heel handig. Het stelt jonge vrouwen in staat om voor het grootst mogelijke publiek hun rol te spelen.) De Swiffer-zuiger en haar vriendinnen op Fieldston en Oyster Bay High experimenteerden niet zozeer met seks als wel met roem, zij het een goedkope, platvloerse, regenboogfeest-achtige vorm van roem – het soort dat in onze cultuur tegenwoordig het populairst is. In de woorden van een alternatieveling uit de examenklas van de progressieve eliteschool Saint Ann's in New York: 'Het doet allemaal zo aan *Girls Gone Wild* denken. Jezelf filmen terwijl je een Swiffer pijpt? Dat verzin je alleen maar als je naar hele slechte reality-tv kijkt.' En dat doen veel Amerikanen natuurlijk ook: slechte reality-tv is het snelst groeiende genre op televisie. Het is niet moeilijk voorstelbaar dat iets als *Slet in de tent* de volgende *Expeditie Robinson* wordt. Adolescenten hebben deze exhibitionistische en conformistische cultuur niet zelf uitgevonden. Tieners weerspiegelen in het klein onze ranzige grote-mensencultuur.

Het leven is goed als je David heet. Hij had toch al alles mee: grote zeeblauwe ogen, een blond sikje, een felbegeerd vakantiebaantje als ballenjongen voor zijn favoriete honkbalteam, de Oakland As, en de beminnelijke zelfverzekerdheid van een zeventienjarige die gewend is altijd zijn zin te krijgen. Maar nadat hij eind augustus tijdens een wedstrijd een bal in zijn gezicht had gekregen en het incident op sportzender ESPN te zien was geweest, was David tijdelijk een plaatselijke beroemdheid. Mensen die hij nooit eerder gezien had, kwamen naar hem toe en zeiden: 'Sterk spel!' en op school lachten er meer meisjes naar hem dan anders. Geen slecht begin van je laatste schooljaar.

'En ik heb echt een te gek rooster,' vertelde hij boven een ijskoffie na zijn eerste schooldag.[7] 'Ik heb alleen op maandag, dinsdag, woensdag en donderdag les. Ik kan een weekend gaan skiën of naar Lake Tahoe gaan, ik kan doen wat ik wil. En ik heb ook leuke lessen: we behandelen James Baldwin en Tupac [Shakur]. Het wordt een topjaar. Dus dat is wel gaaf.'

Elke twintig minuten zwaaide David naar de meisjes-trio's, gekleed in strakke, laaghangende spijkerbroeken en topjes, die Jamba Juice en Peet's Coffee en Noah's New York Bagels in- en uitliepen. We zaten aan Mountain Boulevard in Oakland, een halfuur rijden ten oosten van San Francisco, in het rijke gedeelte van de stad, waar heel veel Volvo's, Saabs en Range Rovers rondrijden, op loopafstand van Head-Royce, de kleine particuliere school waar David en zijn vrienden op zaten. Dit waren tieners wier ouders veel aandacht, en geld, besteedden aan de voorbereiding van een succesvolle toekomst voor hun kinderen. De campus van Head-Royce was ruim vijf hectare groot en keek uit op de Baai van San Francisco, in een klas zaten zo'n vijftien kinderen en het schoolgeld bedroeg twintigduizend dollar per jaar. Voor de lol gingen David en zijn vrienden wel eens naar de stad om te kijken of ze met hun valse identiteitskaarten de bars binnenkwamen, en het was 'traditie' om met z'n allen naar een stripclub te gaan als een van hen achttien werd. Maar hun sociale leven speelde zich voornamelijk af in hun woonplaats: na school naar Mountain Boulevard, in het weekend feest bij degene wiens ouders er toevallig niet waren, een keer naar de disco, de gebruikelijke sportwedstrijden, één keer in de week pokeren met de jongens.

'We moeten een avond voor onszelf hebben, want op feestjes ben je er altijd op uit om de telefoonnummers van meisjes te krijgen of iets met ze te doen,' legde David uit. 'Ik heb een vriend, die is echt gek... aan het eind van de avond moet hij een meisje hebben, anders is hij niet tevreden.' Ik vroeg hem of hij met 'een meisje hebben' echt seks bedoelde, of gewoon wat rotzooien. 'Dat hang ervan af,' zei David. 'Met sommige van zijn vaste meisjes gebeurt het wel eens.'

David zei dat zijn klasgenoten in het algemeen niet promiscue waren, maar dat een uitdagende manier van kleden onder de meisjes met wie hij omging wel standaard was. 'Bij ons op school zitten niet echt sletten, maar als je er voor het eerst binnenloopt, denk je dat er *alleen maar* sletten zitten. Ze dragen allemaal van die strakke witte broeken en korte rokjes en kleine truitjes. Ik ken meisjes die niet aan seks doen maar wel de pil slikken, gewoon zodat hun borsten groter worden.'

Er is veel om naar te kijken als je een jongen bent, en de druk om naar je te laten kijken is groot als je een meisje bent. David omschreef de doorsnee-outfit van meisjes als een uniform: een slettenuniform. 'Jongens kunnen allerlei stijlen dragen,' zei hij, plukkend aan zijn blauwe poloshirt. (In werkelijkheid zag hij er net zo uit als de jongens vroeger bij mij op school: zonnebril, cargoshort, teenslippers. Jongensdracht.) 'Jongens kijken niet of dingen bij elkaar passen, je trekt gewoon maar iets aan en je bent wie je bent en hoopt dat meisjes je leuk vinden. Als jongens te veel moeite doen, krijgen ze het etiket metroseksueel of homo opgeplakt.'

Die dag had David op school met een vriend op een van de grote banken in de hal van Head-Royce gezeten. Er liep een meisje van een jaar of twaalf, dertien langs en zijn vriend keek naar haar. Daarop tilde ze haar rok op, pakte het elastiek van haar string en liet het tegen haar heup knallen. 'Als je dat ziet, denk je als jongen meteen: die meid wil wel. Wil jou. Wil wie dan ook,' zei David. 'Maar dat is helemaal niet zo. Zo kleden ze zich gewoon.

Vroeger flirtte er wel eens een meisje met je en dan dacht
je: hé, misschien vind ze me wel leuk. Nu flirten alle meiden de hele tijd. Het is bijna alsof meisjes bij de jongens
lopen te slijmen.'

Een voorbeeld, zei hij, was het lapdancing en het ge-
flikflooi tussen meiden onderling op schoolfeesten. 'Er is
zo'n cliché, en waarschijnlijk is het vaak ook wel waar,
dat jongens het leuk vinden als meisjes met elkaar zoenen.
Dan zit er dus ergens een jongen – op een *schoolfeest*, weet
je wel – en dan komen er twee meisjes aan die hem een giga
lapdance geven en met elkaar beginnen te klooien. Je ziet
het gebeuren en je denkt: oké, dat vindt die meid blijkbaar
leuk, maar waarschijnlijk ook niet, want ze heeft iets met
een van je vrienden gehad, of met jou; je weet dat ze op
jongens valt. Dus ik denk dat ze het alleen doet om bij de
jongens in de smaak te vallen... altijd op zoek naar een
*nieuwe manier* om bij de jongens in de smaak te vallen.'

Een van Davids beste vriendinnen, Anne, zag het ook
zo. 'Meisjes rotzooien alleen met andere meisjes omdat ze
weten dat jongens dat leuk vinden,' zei ze.[8] 'Ze denken:
dan willen de jongens iets met me en krijg ik heel veel aandacht... zeker weten. Als ze denken dat jongens het leuk
vinden, doen ze het gewoon.'

De verandering van klein meisje dat druk is met spelen
in klein meisje dat druk is met er smakelijk uitzien, gaat
snel en grijpt diep in. Robin, een klasgenote van David en
Anne was 'altijd de grootste sukkel van de school, tot aan
groep acht, toen ik opeens begreep dat je je op een bepaalde manier moest kleden. Het is niet te geloven hoe snel dat
ging... sommige van mijn vriendinnen speelden nog met
knuffelbeesten en ik droeg opeens rokjes die amper over

mijn billen kwamen en ging naar feestjes op de middelbare school. Seksueel gezien deden we eigenlijk niets, maar je moest eruitzien alsof het wél zo was.'[9]

Robin zei dat er kortgeleden op school gepleit was voor kledingvoorschriften. 'Leraren zeiden dat het verwarrend was voor jongens, die korte rokjes en kleine truitjes; in de onderbouw loopt iedereen zo'n beetje in z'n ondergoed.' Het kledingvoorstel haalde het niet, want in de liberale gemeenschap waar de school deel van uitmaakt zijn dergelijke voorschriften van bovenaf uitermate impopulair. 'Er kwam zoveel verzet,' zei Robin. 'Jongens zeiden dat ze uit protest ook in minirokjes naar school zouden komen.' Haar eigen bezwaren tegen een voorgeschreven minimale hoeveelheid stof waren van praktische aard. 'Ze hadden het erover dat je behabandjes niet te zien mochten zijn, wat natuurlijke belachelijk was, want bij de helft van de truitjes die meisjes tegenwoordig dragen gebeurt dan nu eenmaal. Het hoofd vroeg wat ik van het kledingvoorschrift vond, en [ik zei] als dat gebeurt, moeten alle meisjes nieuwe kleren gaan kopen.'

Het is interessant dat de leraren al die korte rokjes verwarrend vonden voor *jongens*. Voor jongens in de puberteit zijn meisjes altijd verwarrend, wat ze ook aan hebben. Zoals David zei: 'Wat meisjes niet snappen is dat jongens meisjes *altijd* leuk vinden. Als ze allemaal in doodgewone kleren rondlopen, vind je ze nog steeds leuk. Ze hoeven zich eigenlijk helemaal niet zo uit te sloven.' Degenen die écht in de war raken van het idee dat je sexy moet zijn en doen, zijn de meisjes zelf.

De populairste uitlaatklep voor adolescente vrouwelijke energie lijkt tegenwoordig de uiting van denkbeeldige wellust in gebaar, houding en kleding. Natuurlijk hebben tienermeiden altijd al menig uurtje met gezichtsmaskers op elkaars nagels zitten lakken; de jaren waarin de puberteit zijn transformerende greep op lichaam en geest heeft, zijn de jaren waarin jongeren worstelen en experimenteren met hun pas ontdekte seksuele mogelijkheden. Maar nu is er een specifieke, vastomlijnde boodschap die meisjes moeten afgeven, nog voor ze zelf de betekenis ervan begrijpen.

'Wie kleedt zich het hoerigst, ik weet dat het vreselijk klinkt, maar dat is de wedstrijd waaraan we sinds de brugklas met z'n allen meedoen. Hoe hoeriger, hoe korter je rokje, hoe dieper je decolleté, hoe beter,' zei Anne. 'Ik was toen nog niet zo seksueel bezig' – toen ze in de brugklas zat, toen ze *twaalf* was – 'maar ik wilde denk ik wel dat jongens me wilden, dat ze het met me wilden doen... ook al wilde ik het niet met hen doen. Ik wilde altijd dat alle jongens mij de leukste vonden.'

Anne kon heel goed de leukste zijn geweest: ze was een lang meisje met een mooi bruine huid, grappige sproetjes in haar gezicht, lange armen en benen en soepel, goudblond haar. Haar schoonheid ontroerde omdat je als ze lachte het kleine meisje in haar nog kon herkennen. Onder het praten streek ze voortdurend over haar platte blote buik. 'Mijn moeder zei op een gegeven moment: als je minder weegt dan zoveel kilo, krijg je huisarrest,' vertelde Anne. Waar David maar niet ophield met praten over honkbal, boeken, fotografie, de voor- en nadelen van kleine opleidingsinstituten en grote universiteiten en de toekomst die hij voor zichzelf zag weggelegd, leek Anne slechts één allesoverheersende passie te hebben: haar uiterlijk. Ze vertelde dat ze wel grafisch vormgever zou willen worden en

praatte even over het jaar dat ze in het kader van een uit-
wisselingsprogramma in het buitenland had doorgebracht.
Maar geen enkel onderwerp zette Anne zo in vuur en vlam
als haar eigen voorkomen.

'Voor mij heeft het allemaal met jongens te maken,' zei
ze. 'Er is bijvoorbeeld een raar verband tussen bepaalde
jongens en mijn eigenwaarde. Zo van: hoe dunner ik ben,
hoe leuker ze me vinden. David heeft een vriend, John, met
wie ik lang geleden een tijdje iets heb gehad. Sindsdien is
er een seksuele vonk tussen ons. Hij doet nooit wat ik wil,
laat me nooit merken dat hij me echt leuk vindt, of hij doet
het wel maar alleen heel af en toe. Dus heb ik altijd het
gevoel dat als ik iets aantrek dat een jongen mooi vindt, of
als ik heel dun word of bepaalde dingen met mijn uiterlijk
doe, dat hij me dan leuker zal vinden.'

Ze had bewijs, zij het omgekeerd bewijs, dat dit idee
ondersteunde. 'John wordt boos als ik een joggingbroek
aan heb,' zei ze. 'Ik ben een keer naar Ecuador geweest en
daar ben ik heel erg afgevallen en hij vond het echt *walgelijk*. Hij was boos op me omdat ik geen kont meer had.
Toen zat ik in de vierde.'

Anne deed haar best om zich aan de afspraak te houden – om zo min mogelijk kleren aan te hebben en zo sexy
mogelijk te zijn. In ruil daarvoor wilde ze Johns exclusieve
aandacht. Haar streven was zelfs dat jongens in het algemeen alleen maar oog voor haar hadden. 'Ik weet nog dat
ik een keer met David bij John thuis was. Ik zat in de bad-
pakeditie van *Sports Illustrated* te bladeren,' zei Anne, 'en
ik kreeg verschrikkelijk de pest in en wilde niet meer met
ze praten omdat ik Heidi Klum zo vreselijk knap vond; ik
werd er echt *kwaad* van. Ik raak heel erg overstuur als jon-

gens andere meisjes aantrekkelijk vinden. Want die aandacht wil ik hebben.'

Hoewel ze er alles aan deed om de aandacht op haar seksualiteit te vestigen, waren Annes eigen ervaringen met seks teleurstellend geweest. John en zij hadden het met elkaar voor het eerst gedaan. Anne had gehoopt dat het een romantische gebeurtenis zou zijn, 'met veel emoties', maar het was anders gelopen. 'De eerste keer zei ik dat ik vond dat we verliefd moesten zijn, en toen werd hij boos. Vergeet het maar, dat gebeurt toch nooit, zei hij. Dus toen zei ik: nee wacht, ik ben ook niet verliefd op jou, het geeft niet. Ik wilde geloof ik niet echt, maar ik zei dat ik wel wilde. Hij zei: ik heb het gevoel dat ik je *verkracht*! Een week later maakte hij het uit.'

Bij de meeste van haar vriendinnen, zei Anne, ging het net zo: je deed aan seks om erbij te horen, niet omdat je het leuk vond. 'Het heeft met ego te maken. We hebben het er in de pauze op het schoolplein over; mensen vinden het cool. Het is ook een wedstrijd: wie versiert er de meeste jongens en wie doet er aan seks en wie is het meest... mijn vriendin bijvoorbeeld, die wil op haar achttiende verjaardag strippers op haar feestje.'

Anne vroeg me of het anders was toen ik nog op school zat. Ik zei dat het op een bepaalde manier hetzelfde was: je wilde altijd de mooiste en de populairste zijn, het meisje waarop alle jongens vielen en alle meisjes jaloers waren. Maar de verplichting om er het hoerigst bij te lopen – dat wil zeggen het geilst, het losbandigst – nog voor je seksueel actief bent (terwijl je 'nog niet zo seksueel bezig bent', om Annes woorden aan te halen), dat is nieuw. Toen ik op de middelbare school zat wilde je er goed uitzien en er cool uitzien, maar je liep er niet bij als een slet, dat was ordinair.

Anne keek me verbluft aan. 'Hoe kreeg je dan een jongen?' vroeg ze. 'Met je *charme?*'

Anne maakt geen schunnige filmpjes van zichzelf die ze op internet zet. Ze doet niets verbodens achter in de schoolbus. Ze laat niet eens het elastiek van haar string knallen als ze in de hal een paar jongens ziet zitten. Maar de rol die ze speelt is wel een belangrijk deel van haar leven. 'Ik heb echt het gevoel dat ik in het verleden zo met mijn uiterlijk bezig ben geweest dat ik nu bang ben voor een relatie die gebaseerd is op wat er binnen in mij zit,' zei ze.

Haar uiterlijk en de reactie daarop is voor Anne altijd de hoofdzaak geweest. Als de aandacht voor haar uiterlijk een soort hobby van haar was – als ze voor haar *plezier* met kleren bezig was en naar de sportschool ging – dan zou het proces zelf haar beloning zijn. Maar ze sprak over haar bezigheden als sisyfusarbeid, iets waarmee ook veel van haar vriendinnen zichzelf hadden opgezadeld.

Meisjes zijn blijkbaar meer gericht op wat er van ze verwacht wordt dan op wat ze zelf willen, maar daarin staan ze niet alleen. In haar boek *Dilemmas of Desire: Teenage Girls Talk About Sexuality* (2004) stelde Deborah L. Tolman, onderzoekster van het Center for Research on Women aan Wellesley College, dat 'van de honderden onderzoeken naar wat het seksuele gedrag van adolescente meisjes bepaalt, slechts een handvol de seksuele verlangens van meisjes als potentiële factor [hebben] aangewezen.'[10] Om begrijpelijke redenen hebben we ons in het aidstijdperk sterk gericht op de gevaren en risico's van seks onder

tieners. Tolman schrijft dat 'deze tendens, een voortbreng-
sel van overheidsbeleid en wetenschappelijk onderzoek gericht op het uitbannen van de risico's van seks, ertoe [leidt]
dat we meisjes uitverkiezen als ontvangers van onze zorge-
lijke boodschap.'

Ook dit is niet helemaal onlogisch: meisjes zijn degenen die zwanger worden, en meisjes worden via geslachtsgemeenschap gemakkelijker met hiv besmet dan jongens.
Maar al zijn onze zorgen om tieners, en tienermeiden in het
bijzonder, nog zo gerechtvaardigd, onze reactie is dat niet.
We pompen een onvoorstelbare hoeveelheid geld in voorlichting gericht op onthouding – dat wil zeggen, seksuele
voorlichting die jongeren aanmoedigt vooral maagd te blijven en voorbehoedsmiddelen volledig buiten beschouwing
laat – terwijl nog niet één onderzoek heeft uitgewezen dat
deze aanpak ook echt werkt. De regering Bush heeft in het
fiscale jaar 2005 $168 miljoen gestopt in drie overheids-
projecten ter promotie van seksuele voorlichting gericht op
onthouding. In totaal heeft dit land sinds 1996 bijna één
miljard dollar uitgegeven aan dit soort voorlichting.

In zesentachtig procent van de schooldistricten waarin
seksuele voorlichting wordt gegeven, wordt onthouding
aangeprezen, in vijfendertig procent wordt onthouding
voorgesteld als de enige optie voor ongetrouwde mensen;
overal leren kinderen dat voorbehoedsmiddelen niet betrouwbaar zijn of krijgen ze er geen woord over te horen.
Op 1 december 2004 presenteerde parlementslid Henry
Waxman een rapport waaruit bleek dat de meest gebruikte, door de overheid gefinancierde, op onthouding gerichte
voorlichtingsprogramma's informatie bevatten die een ver-
draaiing is van medisch bewijs en basale wetenschappelijke

feiten. De overheid financiert niet één project ter promotie van breed opgezette seksuele voorlichting, waarin zowel onthouding als contraceptie aan de orde komt, ondanks het feit dat vijfenzeventig procent van de ouders wil dat hun kinderen leren over condooms, abortus, seksuele geaardheid, hoe om te gaan met de sociale druk om aan seks te doen en hoe om te gaan met seks zelf.[11]

Tieners moeten dus chocola zien te maken van twee volstrekt tegengestelde boodschappen. Ze leven in een seksueel luilekkerland... elk tijdschrift is een appelbollenboom van borsten, in elke realitysoap vliegen de gebraden ganzen door de lucht. En tieners zijn kinderen bij wie de hormonen door de aderen gieren: deze cultuur spreekt hen aan. Maar op school krijgt de meerderheid te horen dat je gewoon nee moet zeggen tegen seks. Ze leren dat seks verkeerd is tot er een trouwerij is geweest (die zien ze ook in tijdschriften en op tv: gigantische feesten waaraan scheepsladingen witte lelies en bergen kristal te pas komen), waarna het opeens fijn en heel natuurlijk wordt.

Als je deze informatie invoert in de doorsnee mentale computer van de Amerikaanse adolescent, krijg je aan het eind een print waarop ongeveer het volgende te lezen staat: Meisjes moeten sexy zijn. Meisjes die niet sexy zijn moeten waarschijnlijk hun borsten laten vergroten. Als een meisje eenmaal sexy is, moet ze dag en nacht zo bloot mogelijk zijn. Jongens moeten dit leuk vinden. Doe niet aan seks.

Het is (op een griezelige manier) interessant om te zien hoe voorlichters zich in bochten wringen om hier een kloppende boodschap van te maken. In 2001 was ik op een conferentie over 'onthoudingsvoorlichting' in Plainsboro in New Yersey, bijgewoond door leraren die hun verplichte honderd uur bijscholing nog niet vol hadden gemaakt. Honderden docenten, meest vrouwen, zaten in een enorme zaal in een gigantisch congrescentrum midden in de rimboe naar urenlange lezingen te luisteren, terwijl op een scherm boven het podium foto na foto van vieze herpeszweren en horden levensgrote schaamluizen voorbij kwamen. (Die nacht droomde ik dat ik een zeldzame vorm van dodelijke mondkanker kreeg van een bijzonder hartstochtelijke tongzoen. Geschrokken en opgewonden werd ik wakker.)

Mijn favoriete presentatie ging over de wederwaardigheden van een zekere Miss Tape. Een boomlange spreker genaamd Mike Worley stelde zichzelf voor met een opsomming van zijn prestaties op het basketbalveld en vertelde vol trots dat hij een maagd van achtentwintig was. (Hij had *de ware* nog niet ontmoet, dus er was geen *grote dag* geweest, dus met wie had hij naar bed moeten gaan?) Hij vertelde dat hij aan zijn sociale leven een aantal regels had opgelegd teneinde zijn kuisheid te beschermen: een film met vrienden was altijd beter dan een film in je eentje, een film in de bioscoop was altijd beter dan een film op video, en als een jongedame erin slaagde zijn vrijgezellenflat binnen te dringen, moesten de gordijnen open zijn, de halogeenlampen op de hoogste stand staan en mocht ze onder geen beding zijn slaapkamer in. Mensen, tieners, moesten bij het stellen van hun grenzen natuurlijk hun eigen regels bedenken, zei hij, maar het belangrijkste was dat je nooit maar dan ook nooit je broek uittrok.

Ter verduidelijking van deze niet al te ingewikkelde boodschap riep Worley een uit de kluiten gewassen jongeman op het podium, waarna hij een stuk doorzichtig tape tevoorschijn haalde. 'Dit is Miss Tape. Ziet er goed uit, hè? Ze is lang, hè? Ze is... wat is ze nog meer?' Worley trok uitnodigend zijn wenkbrauwen op.

'Dun!' riep iemand.

'Inderdaad! Ze is dun,' zei hij, en hij wapperde met het tape zodat het door de lucht golfde. 'En ze heeft mooie rondingen!' zei Worley met een knipoog.

'Dus gaan ze met elkaar naar bed.' Om de coïtus te verbeelden wikkelde Worley de tape om de arm van de vrijwilliger. Na nog een paar minuten doen alsof, kwamen we bij de onvermijdelijke kink in de kabel: Worley zei dat de vrijwilliger besloten had een nieuw grietje te gaan versieren. Hij rukte de tape van zijn arm.

'Au,' zei de vrijwilliger.

'Hoe ziet ze er nu uit?' vroeg Worley, terwijl hij de verkreukelde Miss Tape voor het publiek omhooghield.

Ik bedwong de aanvechting om keihard 'als een vuile hoer?' te roepen.

Als ik, als volwassene, dit soort lesjes al beschamend, suf en ongeloofwaardig vind, hoeveel invloed zullen ze dan hebben op de impulsbeheersing van de gemiddelde tiener, die (vermoed ik) minder rationeel, minder zelfbewust en meer door hormonen gedreven is. Behalve doortrokken van vrouwenhaat (wil je je laten bezoedelen als Miss Tape of wil je een nette, schone, dunne maagd zijn?) is de volledig op onthouding gerichte aanpak ook nog eens onrealistisch. Planned Parenthood heeft er herhaaldelijk op gewezen dat de nadruk op onthouding ahistorisch is; tieners experimenteren met seks sinds het begin der tijden. Ook al zouden wij het er met zijn allen over eens zijn dat tieners onder geen beding seksueel actief horen te zijn – en dus niet over contraceptie en vermijding van ziekten voorgelicht hoeven te worden – dan doen ze het toch. De meeste leerlingen verlaten de school met achterlating van hun maagdelijkheid, aldus de Centers for Disease Control.[12] Tachtig procent van de Amerikanen wordt in zijn tienerjaren seksueel actief.[13] (Als de geschiedenis een aanwijzing is, zal dit cijfer blijven stijgen: nog in 1982 lag het slechts op vierenzestig procent. In 1968, het jaar van de *summer of love*, was het tweeënveertig procent.)

Hoewel de mate van seksuele activiteit van tieners in de ontwikkelde wereld overal ongeveer hetzelfde is, ligt het aantal tienerzwangerschappen in de Verenigde Staten vergeleken met andere rijke landen uitzonderlijk hoog. Volgens het Alan Guttmacher Institute (AGI), een non-profitorganisatie die wereldwijd onderzoek doet naar en analyses maakt van het effect van beleid op reproductieve gezondheid (en door zowel progressieve als conservatieve groeperingen gerespecteerd en aangehaald wordt), bedraagt het aantal tienerzwangerschappen in Japan en West-Europa minder van veertig op de duizend. (Het superprogressieve Nederland staat eenzaam aan de top met slechts twaalf op de duizend zwangerschappen.) In Australië, Canada en Nieuw-Zeeland liggen de cijfers hoger; daar zijn tussen de veertig en negenenzestig van de duizend zwangerschappen tienerzwangerschappen. Maar in de Verenigde Staten hebben we tachtig tienerzwangerschappen op duizend.[14] Onze cijfers liggen dus niet op het niveau van andere welvarende landen, maar op dat van Wit-Rusland, Bulgarije en Roemenië. Op zijn website geeft AGI een bondige verklaring voor deze bedroevende stand van zaken: 'De belangrijkste reden dat Amerikaanse tieners vaker zwanger raken, meer kinderen krijgen en meer abortussen ondergaan dan tieners in andere ontwikkelde landen is dat er in het algemeen minder voorbehoedsmiddelen worden gebruikt; vooral het gebruik van de pil en andere lang werkende en omkeerbare hormonale contraceptiemethoden, die het meeste effectief zijn, ligt laag. Dit verschil in het gebruik van voorbehoedsmiddelen is onder andere te wijten aan een negatieve houding van de Amerikaanse maatschappij tegenover seksuele relaties tussen tieners, beperkte toegang tot en hoge kosten van de reproductieve gezondheidszorg [en] ambivalentie tegenover contraceptiemethoden.' Ook wijst AGI erop dat 'hoewel tieners in de Verenigde Staten net zo seksueel actief zijn als hun Canadese, Engelse, Franse en Zweedse leeftijdgenoten, ze vaker kortere relaties en meer wisselende contacten hebben.'

Hoe we het ook bekijken, de manier waarop we jongeren over seksualiteit voorlichten werkt niet. We verwachten van ze dat ze hun instinctieve verlangens en hun nieuwsgierigheid aan de kant zetten, en tegelijkertijd bombarderen we ze met beelden die impliceren dat lust de belangrijkste drijfveer is en sexappeal de hoogste deugd. Om een of andere reden verwachten we van mensen die per definitie onvolwassen zijn dat ze wijs worden uit deze verwarrende potpourri. De Amerikaanse aanpak ter voorkoming van seksueel overdraagbare aandoeningen en zwangerschap is gebaseerd op de aanname dat tieners zo verschrikkelijk graag kuis willen blijven tot aan hun trouwen – hoewel de helft van hen met gescheiden ouders leeft – dat ze geen aandacht besteden aan hun hormonen, geen aandacht besteden aan de pornosterren op MTV en alle blogs en bimbo's op internet en gewoon braaf doen wat hun leraren zeggen. Het is niet zo gek dat tieners niet meewerken aan dit plan.

In plaats van tieners alleen maar te vertellen waarom ze niet aan seks moeten doen, zouden we ze misschien juist moeten leren waarom wél. Op geen enkele manier helpen we ze onderscheid te maken tussen hun seksuele behoeften en hun behoefte aan aandacht. Veel meisjes die ik sprak zeiden dat seks meer met ego dan met lust te maken had. Anne zei over haar eerste keer: 'Ik wilde geloof ik niet echt, maar ik zei dat ik wel wilde.' En haar ervaring is niet zo ongewoon: ongeveer een kwart van de meisjes tussen vijftien en negentien jaar omschrijven hun eerste keer als 'vrijwillig maar ongewild'.[15] Seks is iets wat je moet uitstralen om erbij te horen – dat is blijkbaar de enige boodschap over seksualiteit die bij meisjes goed doorkomt. Wat zo droevig stemt, is niet zozeer dat ze zoals Miss Tape gebruikt worden, of eigenlijk geen wit meer mogen dragen op hun droombruiloft, maar dat ze vanaf hun allereerste ervaringen als seksuele wezens seks beschouwen als een voorstelling die je geeft om aandacht te krijgen, en niet als iets spannends en leuks dat je doet omdat je daar zin in hebt.

Voor *Dilemmas of Desire* interviewde Deborah Tolman twee groepen tienermeiden, een op een openbare school in de binnenstad en een op een particuliere school in een rijkere buitenwijk. Ze vroeg hun expliciet naar hun ervaringen met 'willen', en niet naar hun ervaringen met 'seks', omdat die vraag zo vaak leidt tot een gesprek over wat jongens willen. Het trof haar 'hoe verwarrend het is om een seksuele identiteit te ontwikkelen die de eigen seksualiteit uitbant', wat de meeste van haar gesprekspartners overduidelijk probeerden te doen. Of ze nu wel of niet met jongens naar bed gingen, de meisjes hadden er allemaal opvallend veel moeite mee om seksuele begeerte te ervaren of tot uiting te brengen. Tolman beschrijft meisjes die een 'zwijgend lichaam' leken te hebben, die een manier hadden gevonden om hun eigen opwinding te negeren of weg te drukken omdat ze bang waren dat het toelaten van die gevoelens hen op het verraderlijke pad van zwangerschap en ziekte zou leiden. Ze konden zichzelf geen, wat Tolman noemt, 'verstoffelijkte seksuele begeerte' toestaan, en voelden in plaats daarvan grote verwarring en onzekerheid.

Tolman vergelijkt deze meisjes met de eerste patiënten van Freud: intelligente, welbespraakte vrouwen die last hadden van 'hysterische' symptomen, zoals gevoelloosheid of verlamming in delen van hun lichaam, omdat ze zo vervreemd waren van hun seksuele behoeften. Na een (primitieve vorm van) therapie kwam hun lichaam weer tot leven. Wanneer deze vrouwen eenmaal de kans kregen om hun eigen seksualiteit te erkennen, konden ze 'hun begeerte verstoffelijken in plaats van zichzelf te ontstoffelijken', schrijft Tolman. Aangezien we het hier over tieners hebben, is het belangrijk om op te merken dat de vrouwen van Freud niet per se *seks* hoefden te hebben om beter te worden; in de eerste plaats moesten ze zichzelf toestaan om seksuele *gevoelens* te hebben.

Tolman zag ook meisjes met een 'verward lichaam', die niet konden bepalen of de emotionele begeerte en de lichamelijke opwinding die ze voelden seksueel van aard waren. Een meisje beschreef zichzelf als 'helemaal hyper en alles… Ik denk wel dat je kunt zeggen dat het een seksueel gevoel was.' Maar het konden ook zenuwen zijn, of angst of opgelatenheid. Hoe moest zij weten wat wat was? Seksuele gevoelens waren nieuw voor haar, zoals voor alle tieners.

Hoewel deze meiden geen seksueel verlangen voelden of moeite hadden om het als zodanig te herkennen, deden ze vaak wel aan seks – dat was iets wat velen van hen 'gewoon gebeurde'. Net als Anne wilden sommige meisjes het niet echt, al zeiden ze iets anders tegen hun partner. Anderen hadden behalve een zwijgend lichaam ook een zwijgende mond en zeiden niets. Tolman wijst erop dat meisjes die geen seksuele begeerte voelen een groot risico lopen: 'Als een meisje niet weet wat haar gevoelens zijn, als ze het bewuste, psychische deel van zichzelf loskoppelt van wat er in haar lichaam gebeurt, dat wordt ze heel bevattelijk voor de macht van andermans gevoelens.' Simpel gezegd: je moet weten wat je wilt om te weten wat je niet wilt.

Tolman zegt niet dat we tienermeiden moeten aanmoedigen om aan seks te doen, ze zegt dat we moeten ophouden met al onze aandacht op de geslachtsgemeenschap te richten, ten koste van goede voorlichting over seksualiteit als een breder, complexer, fundamenteler deel van het leven. Onze kinderen dringend verzoeken maagd te blijven werkt niet; wat hebben we te verliezen?

Er zit natuurlijk nog een andere kant aan dit debat, en om te leren begrijpen waarom zoveel mensen zich verzetten tegen een bredere seksuele voorlichting belde ik Peggy Cowan. Ik had haar voor het eerste ontmoet op de conferentie in New Yersey in 2001, die zij had helpen organiseren, en toen we elkaar weer spraken was ze inmiddels hoofd van de Physicians Advisory Group van New Yersey, een groep artsen die de overheid adviseert op het gebied van de gezondheidszorg. Ze verklaarde haar overtuiging dat adolescenten niet over contraceptie moeten worden voorgelicht als volgt: 'We zeggen toch ook niet tegen onze kinderen: "Je moet niet met drank op achter het stuur gaan zitten, maar als je het toch doet, doe dan je veiligheidsgordel om."' Omdat dit ontegenzeggelijk waar is, en omdat Cowan me serieus en beleefd te woord stond, hoopte ik op dit punt in het gesprek nog dat ik haar zienswijze zou kunnen respecteren en er iets van op zou steken. 'Mensen noemen het bangmakerij, alsof wij een agenda hebben, maar ik ben alleen geïnteresseerd in de medische kant,' zei ze. 'Een op de vier tieners heeft een seksueel overdraagbare aandoening! Ik had drie dochters en ik was als de dood... al die valkuilen die je om je heen ziet. In mijn tijd had je aparte voorlichting voor jongens en meisjes en ik wou dat dat nu nog zo was, want het zorgt voor terughoudendheid; jongeren praten tegenwoordig veel te gemakkelijk over dingen waarover ze helemaal niet zouden moeten praten. Ik hoorde van een lerares die kinderen vertelt hoe ze moeten masturberen. Die het aan ze uitlegde! Hoe ze onder de douche konden fantaseren!'

Ik vroeg Cowan of ze ertegen was dat tieners masturbeerden.

'Ik denk niet dat jonge mensen als ze seksueel opgewonden raken er nog op letten dat ze geen seks moeten hebben.'

'Ik bedoel niet samen masturberen,' zei ik. 'Ik bedoel alleen. Moeten we kinderen daar niet over vertellen? Zou het ze niet kunnen helpen om nog even met seks te wachten?' Is het eigenlijk niet precies wat tieners, op een moment in hun leven dat ze misschien nog te jong zijn om alle consequenties van seks te overzien, zouden moeten doen met hun nieuwsgierigheid en hun maar al te echte, volkomen natuurlijke impulsen?'

'Dat is een heel persoonlijke, intieme kwestie,' zei Cowan. 'Ik weet niet of ik daar wel een mening over heb. Niemand heeft me die vraag ooit gesteld.'

Tja, seksualiteit is altijd intiem en persoonlijk. Maar als we zo brutaal zijn om over die grens heen te stappen en tegen jonge mensen te zeggen dat ze niet met elkaar naar bed moeten gaan, is het, als we toch bezig zijn, ook wel nuttig – is het onze taak zelfs – om met ze te bespreken hoe hun seksualiteit er eigenlijk uitziet en hoe ze ermee om kunnen gaan en ervan kunnen genieten. Seks is iets anders dan drugs; we kunnen ze niet domweg zeggen dat ze er vanaf moeten blijven en het daarbij laten. Seksualiteit is niet iets waar je nee tegen kunt zeggen.

Cowan had gelijk toen ze zei dat een op de vier jongeren onder de vijfentwintig een seksueel overdraagbare aandoening heeft. Maar zoals alle voorstanders van onthouding was ze totaal niet bereid om in te gaan op het feit dat er geen enkele aanwijzing bestaat dat het hameren op onthouding ten koste van brede seksuele voorlichting hier ook maar enige verbetering in brengt. In tegendeel: alle klinische onderzoeken over dit onderwerp wijzen uit dat de verspreiding van soa's afneemt naarmate mensen beter voorgelicht zijn.

Een deel van het probleem is natuurlijk dat seksuele voorlichting in dit land is ingelijfd door uiterst rechts – evenals het Witte Huis en daarmee de financiering van uitsluitend op onthouding gerichte projecten. Maar waar conservatieven elk gesprek over seks buiten het huwelijk uit de weg gaan, lijken progressieven vaak allergisch voor het idee van opgelegde grenzen... en alleen maar tegen kinderen zeggen dat seks prima is, is niet per se handiger dan zeggen dat het slecht is. Beide benaderingen kunnen uiteindelijk hetzelfde resultaat hebben: een zwijgen over de complexiteit van begeerte, vrouwelijke begeerte in het bijzonder.

Een zeventienjarig meisje dat ik sprak in Oakland (in het meest progressieve deel van dit land) zei dat het haar moeder 'niet uitmaakt hoe sexy we zijn. Ze was heel erg betrokken bij de vrouwenbeweging, dus ze vindt dat je moet doen waar je je veilig en zeker bij voelt.' De moeilijkheid is dat adolescenten niet vanzelf weten wat ze moeten doen om zich sexy of veilig of zeker te voelen. Soms hebben ze een 'verward lichaam' en maar al te vaak een verward hoofd. Vooral meisjes in de puberteit, die onder zware druk staan om sexy te *lijken*, hebben er grote moeite mee om hun eigen seksuele begeerte te herkennen, wat toch een belangrijke voorwaarde is om je sexy te *voelen*.

Veel zaken waarvoor tienermeiden zich gesteld zien, zijn dezelfde als die waarmee volwassen vrouwen te maken hebben: de keuze tussen iets doen omdat iemand anders het wil of omdat je het zelf wilt; een gebrek aan vrijheid om je eigen, veelsoortige verlangens te onderzoeken; een verplichting om er zo wellustig mogelijk uit te zien. (Een paar dagen na de presidentsverkiezingen van 2004 verscheen Paris Hilton op de rode loper van Cipriani, waar P. Diddy zijn verjaardag vierde. Ze tilde de wijde rok van haar roze jurk op en liet haar vagina aan de paparazzi zien, waarmee ze haar vriendin Tara Reid, die op hetzelfde feest per ongeluk een tepel liet zien, ruimschoots voorbijstreefde. Ik kon alleen maar denken aan die opmerking van Anne: 'Wie kleedt zich het hoerigst... dat is de wedstrijd waaraan we met z'n allen meedoen.') Maar terwijl oudere vrouwen de tijd van de vrouwenbeweging nog hebben meegemaakt, of in elk geval de periode daarna, toen de lessen van het feminisme nog vers in het collectieve geheugen lagen, hebben tienermeisjes alleen het hier en nu. Zij hebben nooit meegemaakt dat 'sletje' geen alom geaccepteerde term was, dat zestienjarige meisjes niet in aanmerking kwamen voor borstvergroting, dat pornosterren niet boven aan de bestsellerlijsten stonden, dat paaldansers niet tot de mainstream behoorden. (In april 2005 stond in *Harper's Magazine* dat een middelbare school in Californië een carrièredag had gehad, waarop een van de sprekers het beroep van paaldanser had aangeprezen.[16]) De 'ironie' van dit alles moet tieners wel ontgaan, want het is hun hele werkelijkheid – er geen ideologische achtergrond die deze boodschappen tempert. De bimbocultuur mag voor volwassen vrouwen een manier zijn om zich tegen de verkramptheid van het feminisme te verzetten, voor jonge meisjes geldt dat niet. Zij hebben nooit een feminisme gehad om zich tegen te verzetten.

Zes

# Koopseks

In een van de eerste promotiefilmpjes voor de HBO-serie *Sex and the City* ligt Carrie, de sprankelende hoofdpersoon gespeeld door Sarah Jessica Parker, in een postcoïtale roes naast een knappe man in bed. Verbaasd hoort hij haar aan als ze opstaat en zegt: 'Ik bel je wel... misschien kunnen we dit nog een keer doen.' In een andere scène in datzelfde filmpje zit Carrie met haar vriendinnen in een luidruchtige, kleurige discotheek. Samantha, de brutale dame die zo van seks houdt, gespeeld door Kim Cattrall, zegt: 'Je kunt op je kop gaan staan omdat je zo nodig een relatie wilt, maar je kunt ook gewoon zeggen *de pot op* en net als mannen op zoek gaan naar seks.'

Met dit promotiefilmpje gaf *Sex and the City* zijn geloofsbrieven af. Het publiek keek er ademloos naar. Voor 10,6 miljoen Amerikanen werd de serie een zondags ritueel en iedereen wist wie Carrie Bradshaw was. De cast van *Sex and the City* stond verleidelijk op het omslag van *Time* van 28 augustus 2000, met eronder de woorden *Wie wil er nog een echtgenoot?* Mensen vonden het óf fantastisch óf weerzinwekkend om vrouwen in een televisieserie te horen praten over masturbatie, vrouwelijke ejaculatie en de smaak van sperma. De conservatieve schrijfster en columniste Ann Coulter schreef in 2000: 'Zo praten vrouwen niet. Zo zouden sommige mannen praten – als vrouwen ze hun gang lieten gaan.'[1] Anderen klaagden dat de wisselende seksuele contacten van de hoofdpersonen in het echt meer iets waren voor de homoseksuele gemeenschap, waarvan bedenker Darren Star en producent Michael Patrick King deel uitmaken. Maar in mijn ogen gaf *Sex and the City* altijd een tamelijk realistisch beeld van heteroseksueel, recreatief New York: cocktails, zelfverblinding, seks.

Gaandeweg ging de serie steeds minder over vrouwen die 'als mannen' op zoek gaan naar seks, en steeds meer over personages die in hun intieme relaties met minnaars, mannen, kinderen en elkaar hun onafhankelijkheid trachten te behouden. Daarom was de serie uiteindelijk ook zo goed. Hoeveel afleveringen hadden we willen zien over vrouwen die mannen gebruiken voor seks? Dat is een doodlopend verhaal. Maar de personages en hun verhalen werden steeds gelaagder, en er ontstonden subplots over kanker en abortus en echtscheiding en bekering tot een ander geloof.

De geest van de serie bleef echter dezelfde, want de belangrijkste drijfveer in de wereld van de dames was niet zozeer seks als wel consumptie. *Sex and the City* romantiseerde het weer in New York, de burelen van modetijd-schrift *Vogue*, het inkomen van de doorsneejournalist, maar vooral het vergaren van spullen. Er werd minstens zoveel aandacht besteed aan Prada als aan pijpen. Ge-zien door de lens van *Sex and the City* was winkelen een indringende ervaring… een paar muiltjes werd de hoek-steen van een betoverend, romantisch avondje in Central Park.[2] Het was alsof zonder die schoenen al het andere – de maan, de bomen, de man – in het niet zou verdwij-nen, waarna alleen de saaie alledaagsheid van het gewone leven overbleef.

Een andere aflevering draaide om het verlies van een paar zilveren schoenen met naaldhakken, die voor Carrie haar vrijheid en waarde als alleenstaande vrouw symboli-seerden.[3] De schoenen werden per ongeluk of expres door iemand anders meegenomen na afloop van het babyfeestje van een vriendin van Carrie. Toen die vriendin weigerde haar de vierhonderdvijfentachtig dollar die de schoenen ge-kost hadden terug te betalen, werd het thema niet 'fatsoen' of 'materialisme' maar 'vrije keuze'. Was Carries keuze om alleen te blijven – en 'dus', klaarblijkelijk, op schoenen van vierhonderdvijfentachtig dollar te lopen – minder waarde-vol dan die van haar vriendin om echtgenote en moeder te zijn? Net als in vele andere was kopen in die aflevering, getiteld 'Een vrouw heeft recht op schoenen', de ultieme daad van onafhankelijkheid. Een van de redenen dat de serie zo'n enorme hit werd, was dat het een accurate weer-gave was van het ongebreidelde consumeren – van cock-tails, van kleren, van seks – dat rond de eeuwwisseling de levensvervulling van welvarende stadsbewoonsters was. Carrie huppelde door de stad met boodschappentassen aan haar arm, een condoom in haar tasje en een klein gouden Playboy-hangertje twinkelend om haar hals.

In de kern ging de serie over vrouwen die voor zichzelf zoveel mogelijk van het beste probeerden binnen te halen, zowel op seksueel als op materieel gebied. Ze waren ongegeneerd egoïstisch en om burgerzin werd hard gelachen. Carrie stemde niet, en ergens in de serie zegt Samantha tegen een ander personage: 'Ik geloof niet in de Republikeinse partij of de Democratische partij... *I just believe in parties.*'[4] De enige keer dat Carrie geconfronteerd werd met de mogelijkheid om iets aan liefdadigheid te doen, wees ze het idee als bespottelijk van de hand. (Een wereldverbeteraar vroeg Carrie of ze kansarme jongeren een schrijfcursus zou willen geven en Carrie snauwde: 'Ik schrijf over seks. Is dat wat ze willen leren, die jongeren, over pijpen schrijven?'[5]) *Sex and the City*'s opvatting over wederkerigheid lag meer in de lijn van het recept dat de regering Bush na 11 september voor de Amerikanen uitschreef: het beste dat je voor je medemens en je land kunt doen, is kopen tot je erbij neervalt.

*Sex and the City* vertelde een enorm invloedrijk verhaal over vrouwen, met minstens zo'n grote culturele impact als bijvoorbeeld de series *That Girl* en *The Mary Tyler Moore Show.* De eerste aflevering eindigde met een op straat dansende Carrie, ongeveer zoals Marlo Thomas en Mary Tyler Moore vóór haar hadden gedaan, en ze werd net zo'n rolmodel als haar voorgangsters. *Sex and the City* bood de geëmancipeerde, rijke vrouw in de stad een totaalpakket voor een hippe levensstijl: hoe je te kleden, waar te eten, wanneer te drinken (altijd), met wie naar bed te gaan. Maar *Sex and the City* mocht dan een uiterst verleidelijk

feministisch verhaal vertellen, het was óók een problema-
tisch verhaal, een verhaal waarin de verwording van het
feminisme duidelijk tot uitdrukking kwam.

Net zoals Female Chauvinist Pigs kende *Sex and the
City* twee soorten gedrag: typisch mannelijk en typisch
vrouwelijk. Samantha was niet gewoon een zelfverzekerde
vrouw; ze had het 'ego van een man'. Toen Charlotte besloot twee afspraakjes op één avond te maken, 'begon ze
een man te worden', maar toen ze zich bezorgd afvroeg of
ze wel twee keer achter elkaar uit eten kon, was ze 'zomaar
opeens weer een vrouw'. Net als in het lesbische milieu van
New York en San Francisco, was seks in het gefantaseerde
Manhattan van *Sex and the City* niet meer dan een artikel,
iets wat je binnenhaalde in plaats van deelde, en dus was er
na een seksuele ontmoeting vaak iemand die zich de over-
winnaar voelde en iemand die zich tekortgedaan voelde. In
plaats van de gelijkwaardigheid en de bevrediging die het
feminisme aanvankelijk beloofde, bieden deze marktplaat-
sen vooral een onuitputtelijke voorraad seks. Net zoals tieners die het paard achter de wagen spannen door iemand
in bed te willen 'krijgen' voor ze begeerte voelen, dacht de
protagoniste van *Sex and the City* vaker na over de manier
waarop anderen haar zagen dan over wat ze zelf ervoer.
Meestal vroeg ze zich af wat er omging in het hoofd van
de man met wie ze iets had, zelden hield ze zich bezig met
de vraag hoe gelukkig zij eigenlijk was. In een vroege aflevering zei ze dat ze zichzelf erop betrapte dat ze begon te
'poseren' zodra haar grote liefde Mr. Big in de buurt was;
'vermoeiend is dat'. Het idee dat vrouwen meer bezig zijn
met wat mannen van hen vinden dan met hun eigen verlangens, leefde na de laatste aflevering van *Sex and the City*

voort in de bestseller *Hij wil je wel, hij wil je niet* (2004), geschreven door een voormalige schrijver en adviseur van de serie. Dit zelfhulpboek, dat volgens Oprah Winfrey 'pas echt bevrijdend' was en iedere vrouw op haar nachtkastje hoorde te hebben[6], hechtte, zoals al uit de titel blijkt, een groter belang aan gedachten lezen dan aan weten wat je zelf voelt. 'Veel vrouwen zeggen tegen me: "Greg, mannen bestieren de wereld,"' schrijft auteur Greg Behrendt. 'Wauw. Dan kunnen we blijkbaar wel het een en ander. Dus waarom denken jullie dan dat we niet in staat zijn tot zoiets simpels als de telefoon pakken en jullie mee uit vragen? Soms schijnen jullie te denken dat we "niet durven" of "net een moeilijke relatie achter de rug" hebben. Laat me jullie eraan herinneren: mannen vinden het heel bevredigend om hun zin te krijgen (zeker nadat ze de hele dag de wereld hebben lopen bestieren). Als we onze zinnen op jullie hebben gezet, dan vinden we jullie wel.' Vrouwen vinden het doorgaans ook heel bevredigend om hun zin te krijgen, maar *Hij wil je wel, hij wil je niet* gaat niet over wat vrouwen willen. Het gaat over beter leren snappen wat mannen willen. (En dat zou dan pas echt bevrijdend zijn voor vrouwen.) *Sex and the City* was fantastisch amusement, maar ook een povere leidraad voor de emancipatie, en zo zagen veel vrouwen het ook.

Ter gelegenheid van de dertigste verjaardag van *Diepe gronden*, Nancy Fridays baanbrekende boek over seksuele fantasieën van vrouwen, vond er in New York een forumdiscussie plaats.[7] Het gesprek werd voorgezeten door Fridays echtgenoot Norman Pearlstein, hoofdredacteur van Time Inc. Naast Friday zelf zaten aan tafel Candace Bushnell, schrijfster van het boek *Sex and the City*, waarop de tv-serie gebaseerd was; Candida Royalle en Faye Wattleton, directeur van het Center for the Advancement of Women (en voorheen het eerste zwarte hoofd van Planned Parenthood). De toon van het gesprek was licht en vrijmoedig.

'Ik zeg altijd tegen mensen: denk heel goed na voor je die geweldige seksuele fantasie van je aan je partner vertelt,' zei Friday, die die avond met haar rode lippen, rode nagels en rood aangezette ogen duivels zat te stralen. 'Als je echt van hem houdt, moet je je afvragen of hij wel wil weten dat het je grootste fantasie is om door drie mannen tegelijk te worden genomen!'

'Ik kan alleen maar zeggen dat ik hoop dat je het wél kunt vertellen, want dan krijg je namelijk wel een heel erg goede band,' zei Royalle.

'Met die vent moet je trouwen!' zei de pas getrouwde Bushnell. 'Mijn fantasieën zijn altijd kleine verhaaltjes, met dialoog. Er zit eigenlijk nooit zoveel seks in, maar wel heel veel dialoog.'

'Voorspel!' riep een vrouw vanuit het publiek.

'Ik stop mijn partner in de fantasie,' vertelde Royalle, 'maar dan laat ik hem bijvoorbeeld iets heel anders doen, of... of ik zet hem een pet op.'

'Zijn we het er met z'n allen niet over eens dat het er niet zoveel toe doet?' vroeg Friday. 'Als je er je doel mee bereikt, als het je helpt om een orgasme te krijgen, is het dan belangrijk aan wie je denkt?'

Wattleton zei: 'Ik ga er wel vanuit dat hij aan míj denkt als hij een orgasme heeft.'

'O Faye, je houdt jezelf voor de gek,' zei Friday met een spottend lachje.

Wattleton wipte met een lange nagel haar geblondeerde haar uit haar gezicht en zei: 'Of misschien weet ik dat ik gewoon heel goed ben.'

Pearlstein zei: 'Faye, jouw Center for the Advancement of Women heeft net ruim drieduizend vrouwen geïnterviewd over genderrollen. Wat mij interesseerde was dat je in je onderzoek een vraag stelde over wat vrouwen ervan vonden om een man in hun leven te hebben.[8] Je vroeg hoe belangrijk het is om een man te hebben voor de volgende zaken: vriendschap, liefde en genegenheid, een gezin, fysieke bescherming, zwaar werk in huis, een inkomen, belangrijke beslissingen. Maar "seks" stond er niet bij, en ik vraag me af waarom.'

Wattleton glimlachte, alsof het er niet zoveel toe deed, en zei: 'Misschien illustreert onze eigen vragenlijst wel hoe ver we eigenlijk gekomen zijn.'

Ongeveer een jaar later was Wattleton te zien in de documentaire *Thinking xxx*, over de totstandkoming van *xxx: 30 Porn-Star Portraits*, het boek van fotograaf Timothy Greenfield-Sanders. Ze verklaarde: 'De fantasie van de pornoster is de ultieme fantasie omdat het een seksuele fantasie is. Ik denk dat mensen het daarom zo verontrustend vinden, omdat we er totaal geen greep op hebben.'[9]

Ik vind het interessant dat iemand die 'in het eerste alomvattende onderzoek naar de mening van vrouwen over alles' (zoals haar uitgever het aanprees) niet één vraag over seks stelde, zich wel gemachtigd voelt om een uitspraak over onze 'ultieme fantasie' te doen. (Ik sta ook versteld van de verklaring dat de 'fantasie van de pornoster de ultieme fantasie' is omdat het een 'seksuele fantasie' is. Er zijn zoveel seksuele fantasieën; die kunnen niet *allemaal* de ultieme fantasie zijn.) Maar ik vind het vooral verontrustend, om met Wattletons te spreken, om een carrièrefeministe te horen beweren dat het enige probleem met de pornoster-fantasie in onze cultuur is dat we er geen greep op hebben.

Pornosterren zijn stevig in de greep van van alles en nog wat, in de eerste plaats natuurlijk van het bedrijfsleven. De seksindustrie heeft een geschatte waarde van acht tot vijftien miljard dollar en het overgrote deel van de winst gaat naar de aanbieders van de verschillende diensten – Time Warner verdient geld aan pay-per-view porno, net als hotelgiganten als Marriott en Hilton; telefoonbedrijven verdienen aan sekslijnen enz.[10] Elke pornoster zal bevestigen dat ze niet eerlijk meedeelt in het geld dat haar lichaam binnenbrengt. Natuurlijk vinden veel dragers van de populaire cultuur dat ze een groter deel van de koek zouden moeten krijgen, van de cast van *Friends* (die per acteur per aflevering een miljoen dollar eisten, want ja, zonder hen was er geen serie) tot ik zelf (*ik* schrijf *die artikelen; zonder mij zouden de bladzijden van het tijdschrift* leeg *zijn!*). Maar voor een pornoster is de inzet fundamenteel anders dan voor een acteur of een journalist, want pornosterren verkopen meer dan een talent of een vaardigheid: zij stellen het meeste intieme deel van hun wezen beschikbaar voor algemeen gebruik.

Vrouwen die in de seksindustrie werken, *werken* in de seksindustrie. Ze hebben seks omdat ze ervoor betaald worden, niet omdat ze ervoor in de stemming zijn. Veruit de meeste vrouwen in het vak zijn daarin terechtgekomen omdat ze arm waren en geen aantrekkelijker alternatief hadden. (De meeste vrouwen in het vak *blijven* overigens arm.) Voor wie het geluk en de middelen heeft om op een andere manier geld te kunnen verdienen, is seks idealiter iets wat je voor je lol doet, of als uiting van liefde. De beste erotische rolmodellen zouden dan ook de vrouwen moeten zijn die het meeste van seks genieten, niet de vrouwen die er het meest voor betaald krijgen. Iemand die seks bedrijft of zich uitdagend gedraagt omdat dat haar werk is – leeft die nu echt onze 'ultieme fantasie' uit?

Het cliché wil dat de meeste vrouwen in de seksindustrie slachtoffer van seksueel misbruik zijn. Helaas is het moeilijk om betrouwbare cijfers over dit onderwerp aan te halen. Daar zijn twee redenen voor: vrouwen in de seksindustrie staan, vanwege het stigma en soms ook de onwettigheid van hun beroep, meestal niet te springen om met onderzoekers te praten; en in veel van de studies die er wél zijn, slaan de onderzoekers zelf vaak zo'n overspannen toon aan dat moeilijk uit te maken valt of het bevooroordeelde extremisten zijn of dat hun woede simpelweg het gevolg is van hun onderzoekswerk op een terrein waar de uitkomsten vaak zo hartverscheurend zijn. Dr. Melissa Farley, psychologe en onderzoekster aan het Kaiser Permanente Medical Center in San Francisco, zegt dat de overgrote meerderheid van vrouwen in de seksindustrie in hun jeugd slachtoffer was van incest of ander seksueel misbruik. Schattingen lopen uiteen van vijfenzestig tot negentig procent, maar Farley gelooft dat het in werkelijkheid eerder negentig procent zal zijn, net als alle andere experts met wie ik gesproken heb. Mensen die in hun jeugd getraumatiseerd zijn, kunnen daar best overheen komen en later een bevredigend seksleven hebben. Maar het heeft toch iets zieks dat we een in meerderheid seksueel getraumatiseerde groep mensen als onze belangrijkste rolmodellen kiezen. Het is alsof we een stel door haaien toegetakelde mensen aan het werk zetten als strandwacht.

Samen met collega's uit Turkije en Afrika deed Farley een onderzoek getiteld 'Prostitutie in vijf landen: geweld en posttraumatische stress-stoornis', in 1998 gepresenteerd aan de Amerikaanse Vereniging van Psychologen.[11] Farley en haar medewerkers interviewden vierhonderdvijfenzeventig vrouwen in de seksindustrie en concludeerden, aan de hand van criteria die zijn opgesteld voor lange-termijn-onderzoek naar gezondheid in het leger, dat tweederde aan posttraumatische stress-stoornis (ptss) leed. Dat aantal is tweemaal zo hoog als het aantal Vietnam-veteranen met ptss. Farley ontdekte dat de symptomen – emotionele gevoelloosheid, weerkerende nachtmerries, flashbacks – ernstiger waren onder prostituees dan onder veteranen die zich meldden voor behandeling. Ongeveer tweederde van de geïnterviewde vrouwen klaagde over ernstige gezondheidsproblemen (waarvan er maar een paar met seksueel overdraagbare aandoeningen te maken hadden).

In Farleys ogen bestaat er geen wezenlijk verschil tussen prostituees en pornosterren. 'Pornografie is een specifieke vorm van prostitutie, waarin prostitutie voorkomt en gedocumenteerd is. Voor de consument, inclusief de gevestigde media, is pornografie vaak een authentieke ervaring met prostitutie,' schrijft Farley in het voorwoord van *Prostitution, Trafficking, and Traumatic Stress* (2003), een door haar bijeengebrachte verzameling onderzoeksartikelen.[12] Farley, die ook paaldansen als een vorm van prostitutie beschouwt, schrijft verder: 'prostitutie is een giftig cultuurproduct, wat wil zeggen dat alle vrouwen leren om begeerlijk te zijn door van zichzelf een object te maken, door zich als een prostituee te gedragen, door het seksuele van prostitutie na te bootsen.'

Als dit extreem klinkt, bedenk dan dat er hetzelfde te lezen staat in een heel ander boek van een heel andere auteur: *How to Make Love Like a Porn Star*, het levensverhaal van de veelgeroemde woordvoerster van de seksindustrie, Jenna Jameson. Net als Farley stelt Jameson dat de seksindustrie een breed terrein beslaat; porno, striptease en naaktfoto's zijn misschien niet helemaal hetzelfde, ze zijn in elk geval nauw verwant. Als je in *Penthouse* hebt gestaan kom je eerder in aanmerking voor een rol in een pornofilm; als je in een pornofilm hebt gespeeld kun je de 'hoofdact' zijn in een seksclub – 'veel danseressen beginnen alleen maar met porno omdat ze hun tarief willen verhogen,' schrijft Jameson. Net als Farley denkt Jameson dat vrouwen buiten de seksindustrie de geest ervan hebben geïnternaliseerd en hun seksualiteit op porno baseren. De titel van Jamesons boek, *How to Make Love Like a Porn Star*, suggereert dat haar seksualiteit navolging verdient, en ze is er trots op, schrijft ze, dat 'er meer vrouwen dan mannen aardige dingen tegen me komen zeggen'. Jameson verklapt ons dat het een 'fantastische ervaring kan zijn om in de industrie te werken' omdat 'je echt een rolmodel voor vrouwen' kunt worden.

En toch beschrijft ook Jameson, net als Farley, het leven in de seksindustrie als een leven vol geweld en vernedering: ze vertelt dat ze met een steen bewusteloos is geslagen, op school door een stel jongens is verkracht en voor dood op een landweggetje achtergelaten; voor haar twintigste was ze zwaar verslaafd aan drugs, haar vriendje sloeg haar en de vriend van haar vriendje misbruikte haar. Ze schrijft ook: 'Ik kan nog steeds niet naar mijn eigen seksscènes kijken.'

Jameson komt uiteraard tot een heel andere conclusie dan Farley. Ze schrijft: 'Hoewel porno in de ogen van sommige mensen vernederend is voor vrouwen, is het een feit dat het een van de weinige banen is waarin vrouwen een bepaald niveau kunnen bereiken, om zich heen kijken en zich machtig voelen, niet alleen op de werkvloer maar ook als seksueel individu. Dus de pot op met Gloria Steinem.' Je vraagt je af hoe ze het rondbreit in haar hoofd. Als ze zich als seksueel individu zo machtig voelt, waarom kan ze dan niet naar haar eigen seksscènes kijken? Als haar werk zo bevredigend is, waarom zegt ze dan dat als ze een dochter had, ze het kind nog liever op zou sluiten dan haar in de seksindustrie te laten werken? Waarom noemt ze haar vagina een 'ding-ding'? Ik weet niet of dit allemaal wel de schuld van Gloria Steinem is.

Zoals de meeste werknemers in de seksindustrie is Jameson niet seksueel ongeremd, maar seksueel beschadigd. Ze heeft de botte pech dat ze meer dan eens ernstig misbruikt is, wat ze duidelijk genoeg uit de doeken doet. Niet voor niets heeft ze de neiging haar seksleven te beschrijven als een roofzuchtige, gedissocieerde strijd om de macht. 'Seksualiteit werd een instrument waarmee ik zoveel meer kon dan contact maken met een jongen die ik leuk vond,' schrijft ze. 'Ik besefte dat ik er alles mee kon doen wat ik wilde. Het was een wapen dat ik meedogenloos kon inzetten.' Bij de beschrijving van haar seksualiteit gebruikt ze niet één keer het woord 'genot'. Wat Jameson beschrijft is het gebruik van seks als product, als ding dat je kunt ruilen tegen andere dingen. Het is slechts een van de miljoenen manieren om met seks om te gaan, en afgaande op haar woorden is het geen al te plezierige. Het klinkt helemaal niet sexy of wild of ongeremd, het klinkt als doodsaaie routine. Het klinkt als keihard werken.

In tegenstelling tot wat Faye Wattleton zei, opent het onze ogen voor de mogelijkheid – de waarheid – dat lust en begeerte en genot overal te vinden zijn, altijd, op zoveel verschillende manieren dat we er 'totaal geen greep op hebben'. Als we zouden erkennen dat seksualiteit persoonlijk en uniek is, zou het inderdaad ongrijpbaar worden. Door van seks iets simpels, iets meetbaars te maken, kunnen we het makkelijker aan de man brengen. Als je de menselijke factor wegdenkt en seks terugbrengt tot attributen – dikke nepborsten, geblondeerd haar, lange nagels, paaldanspalen, strings – dan kun je het verkopen. Opeens moet je voor seks uit winkelen: je hebt plastische chirurgie nodig, haarverf, een schoonheidsspecialiste, een heel winkelcentrum. Waar de commercie echt geen greep op heeft, dat is aantrekkingskracht. Die kun je nog steeds niet in een potje stoppen.

In diezelfde documentaire, *Thinking* xxx, zei Wattleton verder: 'We denken allemaal dat we op een of andere manier vanzelf in staat zijn om ten volle van onze seksualiteit te genieten, maar in werkelijkheid hebben we heel veel instructie nodig. Net zoals iemand ons moet leren hoe je moet eten en hoe je je moet kleden – op elk terrein van ons leven leren we bij en ontwikkelen we ons.'

Mensen zijn altijd heel goed in staat geweest zelf uit te vinden hoe seks werkt. Dat is niet iets wat anderen ons hoeven te leren en te verkopen, want we hebben onze eigen verlangens om op af te gaan. Wattleton maakt wel een goede vergelijking, want eigenlijk kun je iemand natuurlijk ook niet leren hoe hij moet eten of zich moet kleden. Je kunt iemand leren met mes en vork te eten. Je kunt iemand leren 's winters geen wit te dragen. Maar we beleven geen plezier aan eten of kleren of seks omdat we de regels en technieken kennen, maar omdat we ontdekt hebben waar we van houden en daarnaar handelen.

Mijn vader heeft me geleerd dat gehakte kippenlever een delicatesse is – een deel van ons culturele erfgoed, iets om van te smullen bij feestelijke gelegenheden. Voor mij zal het altijd een stinkende prut blijven. Maar ik ben altijd dol geweest op ansjovis, wat beslist niet voor iedereen geldt. Ik draag graag groen, omdat het bij mijn teint en mijn zelfbeeld past. Zo liepen er ook al sinds ik heel jong was bepaalde thema's door mijn seksuele fantasieën; nu vind ik ze weer terug in mijn bed. Niemand heeft mij hoeven leren die dingen lekker of mooi of prettig te vinden, en ook niet wat ik moet doen om ervan te genieten.

Wattleton heeft gelijk als ze zegt dat we alleen maar kunnen ontdekken dat we van pruimen of kasjmier of orale seks houden als we eraan blootgesteld worden. Maar er is een probleem met porno als instrument voor geestverruiming. Als je lang genoeg op internet zit, kun je elke denkbare seksuele handeling te zien krijgen, maar hoeveel porno je ook kijkt, aan het eind zit je nog steeds met een beperkte kennis van je eigen seksualiteit, want je weet niet hoe al die dingen *voelen*. Dat hangt namelijk af van met wie je het doet, in wat voor stemming je bent als je het doet, of je je op je gemak voelt of bang bent (of bang op een spannende manier) enzovoort. Het idee dat seks, zoals in pornografie gebeurt, teruggebracht kan worden tot vaste onderdelen – pijpen, op z'n hondjes, money-shot, meisje-met-meisje – is puberaal: zoenen, voelen, neuken. Het is ironisch dat we porno zien als iets voor volwassenen. Ik zou niet weten waarom we porno moeten zien als een manier om 'ten volle van onze seksualiteit' te genieten, net zomin als ik vind dat kijken naar de 'schijf van vijf' een feestmaal is.

Als *Sex and the City* een serie was over vrouwen die op een nieuwe, trotse manier shoppen voor seks (en wat dies meer zij), dan gaat de bimbocultuur, waarnaar de serie verwees – Carrie droeg het Playboy-logo aan een kettinkje, Samantha had een hanger in de vorm van de *mud flap girl* (het silhouet van een naakte vrouw zoals afgebeeld op de spatlappen van vrachtwagens), alle vier de hoofdpersonen gingen naar een feest in het Playboy Mansion en ontmoetten Hef – over vrouwen die op een zogenaamd nieuwe en trotse manier seks *verkopen*. De twee thema's, vrouwen als consumenten en vrouwen als consumptieartikel, hebben ontegenzeglijk iets met elkaar gemeen: seks en geld gaan samen.

Wat gebeurt er als we dit model in de praktijk brengen? Als we naar onze cultuur luisteren en net als de personages in *Sex and the City* van seks een element van een consumptieve levenstijl maken, en als we vrouwen die seks verkopen op een voetstuk plaatsen – als we de symbolen daarvan net als de vrouwen in *Sex and the City* om onze hals hangen – hoe ziet ons seksleven er dan uit? Waar leidt het toe als we seks als een artikel behandelen?

'Ik denk letterlijk dingen als: ik ben met vijfendertig mensen naar bed geweest... ik wil tot aan de honderd,' zegt Annie, een mooie vrouw van negenentwintig met donkerblau-
we ogen en een lichte, gave huid.[13] 'Dat is zo'n belangrijke,
onderliggende drijfveer voor mij dat ik er echt versteld van
sta als andere mensen zeggen dat het voor hen anders is.
Mijn vriendin vertelde me laatst dat ze met iemand voor
het eerst uit was geweest, en ze had die man bij het afscheid gekust en het was heel vreemd geweest om iemand
te kussen die ze eigenlijk helemaal niet kende. Ik bedacht
hoe vreemd het voor mij zou voelen om iemand te kussen
die ik juist wél goed kende. Ik heb een heleboel waardeloze
ervaringen achter de rug, maar die neem ik op de koop toe,
want ik wil gewoon meer kerfjes op mijn stok.'

Op een bepaald moment had Annie zich intensief be-
ziggehouden met porno, niet als middel om opgewonden
te raken maar als een vorm van amusement, een soort
hobby. Ze kocht boeken over pornosterren, las alles over
ze op internet, bezocht zelfs een club in Manhattan om
de pornoster Houston te zien strippen. (Ze heeft een foto
van haarzelf, een vriendin en Houston, grijnzend met de
armen om elkaar heen.) Ze vond pornosterren en strippers en 'vrouwen [die] zo'n belachelijk lichaam hebben met
grote ronde borsten en lange benen met neuk me-pumps'
op een of andere manier heel aantrekkelijk. 'Ze zijn van
plastic – letterlijk van plastic. Net levende barbiepoppen.
Als ik Pam Anderson zie, dan denk ik: ik heb als kind nog
met jou gespeeld!' (Barbie was op haar beurt gemodelleerd
naar het blonde Duitse sekspopje Bild Lilli.) 'Het boeiende
is dat je mooie vrouwen ziet die van die gestoorde, vernederende dingen doen. Zoals bij Howard Stern. Daar zit

dan een vent die een vrouw met een liniaal aanraakt en zegt: "Je moet je buik strak laten trekken." Dat is humor van mensen die mooie vrouwen haten – en daar ben ik er denk ik ook een van, want ik heb er lol in.'

Maar Annies fascinatie met de bimbocultuur is tanende. 'Vroeger vond ik Howard gewoon een lollige vrouwenhater die zei wat niemand anders durfde te zeggen, maar nu is het allemaal zo opdringerig. Het lijkt wel alsof het cool is om in een seksclub te werken, alsof het cool is om er zo hoerig mogelijk bij te lopen.' Belangstelling voor dit soort dingen was ooit een manier om je tegen de statusquo af te zetten. Nu lijkt het meer een manier om je te conformeren.

Terwijl vrouwen die seks verkopen Annie inmiddels niet meer zo boeien, is seks voor haar persoonlijk wel meer een consumptieartikel geworden. Ze omschreef haar 'kerfjes' als voedsel voor haar ego, meer dan een erotisch avontuur. 'Als je seks begint te verzamelen om het verzamelen, dan is wat je doet niet meer zo erg seksueel.' Maar ze vond deze ontmoetingen op een andere manier heel bevredigend, zei ze. 'Het is een manier om jezelf neer te zetten als een soort vrouw-man: *ik ben geen zielig tutje, ik ben sterk en onafhankelijk en ik ben een vrijbuiter die zich nergens aan bindt.* Het geeft een gevoel van macht als je wakker wordt naast een man en denkt: ik moet weer eens gaan, wat staat er verder nog op het menu? Ik was altijd zo gekwetst als op de ochtend na de grote nacht bleek dat het avontuur geen band voor het leven had opgeleverd. Maar met mijn gevoel voor humor en relativeringsvermogen lukte het me uiteindelijk om wakker te worden en dan gewoon verder te gaan met mijn leven. Toen ik die knop in mijn hoofd voelde omgaan dacht ik: yes! Nu ben ik net een man.'

Hoewel ze haar affaires op een bepaalde manier bevredigend en opwindend vindt, zei Annie dat ze ook wel iets 'zieligs' hadden. 'Soms doe ik alleen maar aan dit soort seks, dit soort koopseks, uit onzekerheid... onzekerheid omdat ik niet weet of ik wel aantrekkelijk ben.' Soms wil ze eigenlijk geen seks, maar bevestiging dat ze net zo begeerlijk, net zo seksueel, net zo *vrouwelijk* is als de barbies waar ze als kind mee speelde of de pornosterren waar ze als volwassene mee flirtte. 'Gek eigenlijk dat ik ervoor kies om seks en seksualiteit te beleven met een heleboel matige ervaringen.'

Meg, een succesvolle en drukbezette advocate, heeft van haar vriendinnen een bijnaam gekregen: Haaitje. De naam verwijst niet naar haar vastberadenheid om haar zaken te winnen of haar competitieve instelling als triatleet, maar op haar opmerkelijke energie als seksuele veelvraat. 'In Las Vegas liep ik tegen een of andere vent aan, en het was net alsof ik in de aanval ging,' zei ze. 'Ik deed alsof ik iemand anders was: lief en onschuldig... O, *dit doe ik anders nooit! Ik ben nog nooit zo opgewonden geweest!* En het werkte. Maar eigenlijk wilde ik hem niet echt. Volgens mij harste hij zijn hele lichaam.'[14]

Meg heeft roodblond haar en een leuke lach. Ze zat op het terras van het Standard Hotel in West Hollywood en liet haar verzorgde voeten in het koele blauwe water van het zwembad bungelen. 'Ik geef toe dat ik een slet ben, maar ik heb liever niet dat andere mensen me zo noemen,' zei ze lachend. 'Monogamie windt me niet op. Nieuwe dingen vind ik spannend, de uitdaging van een onbekende man. Tenminste, ik dacht altijd dat er een uitdaging was, maar dat is alleen zo in mijn hoofd: mannen neuken toch iedereen.'

Meg zei dat ze heel graag iemand wilde vinden. 'Ik wil absoluut trouwen, maar ik vraag me wel af hoe ik het voor elkaar moet krijgen om iemand na jaren nog spannend te vinden – na zes maanden raak ik al niet meer opgewonden.' Zo te horen raakte ze na zes minuten ook al niet meer opgewonden. Meg omschreef haar avontuurtjes als 'meestal dronken, meestal steriel. Ik denk dat veel mannen afknappen op mijn agressie.' Maar zij zelf dan? Waarom waren het voor haar geen sensuele ervaringen? 'Tja, ik hou niet speciaal van seks, het is niet zo dat ik daar nou zo dol op ben. Het gaat er meer om dat ik mijn zin krijg. Ik hou van het gevoel dat ik gewonnen heb, daar draait het denk ik om.'

Beweren dat Lynn Frailey agressief is, is net zoiets als roepen dat Bill Clinton charisma heeft... Agressie is niet zo zeer een karaktereigenschap van haar als wel een kracht waar haar hele persoonlijkheid op gebouwd is. 'Het mooie van Miami is dat iedereen zo langzaam rijdt dat je heel makkelijk kunt afsnijden,' zei ze, terwijl ze het gaspedaal diep indrukte en met volle vaart voor een rij auto's dook.[15] Ze was pas vier dagen voor onze ontmoeting naar Miami verhuisd, maar ze leek zich gemakkelijk aan haar nieuwe leven als evenementenorganisator aan te passen. Frailey heeft een lief gezicht, als een illustratie uit een prentenboek, en die avond droeg ze haar bruine haar in twee staartjes. Op allebei haar middelste tenen heeft ze een sterretje getatoeëerd. Ze droeg een cargobroek en een T-shirt met een sporttopje eronder en zag er veel jonger uit dan tweeëndertig.

Ze parkeerde bij een Ierse kroeg die nogal uit de toon viel tussen de flitsende clubs aan weerszijden van Ocean Drive en Collins Avenue. Frailey, afkomstig uit Dallas, Texas, bestelde aan de bar een biertje. 'Ik heb veel meer vrienden dan vriendinnen... mannen zijn gewoon makkelijker,' zei ze. 'Meisjes zijn zo, weet ik veel, meisjesachtig. Ik gebruik geen make-up en ik föhn nooit mijn haar. Ik hou gewoon helemaal niet van al dat O *mijn god, heb je die schoenen gezien die daar in de etalage staan?* Niet dat ik er iets op tegen heb, maar voor mij zijn dat gewoon geen gespreksonderwerpen. Als ik het met mijn vriendinnen over mannen heb, vraag ik: hoe groot was zijn pik? Niet dat ik altijd zo grof ben, maar als ik over seks praat, wil ik weten: heeft ie je gebeft? en niet: ga je met hem trouwen?'

Fraileys ouders gingen, na een huwelijk vol avontuur en religie, uit elkaar toen ze zesentwintig was. Het gezin was vaak verhuisd en had vele jaren in Marokko doorgebracht, waar haar ouders missiewerk deden. 'Op zondagochtend preekte mijn vader in Rabat, en dan sprongen we met het hele gezin in het busje en reden we naar Tangier, waar hij 's avonds de dienst leidde,' zei ze. 'En in Fez hadden we een christelijke boekwinkel.'

Ondanks haar gelovige opvoeding en haar afkeer van meisjesmeisjes, is Frailey een groot fan van seksclubs. Toen ze in San Francisco woonde, werkte ze in een bar in het zakencentrum, en een effectenhandelaar die daar vaak kwam vroeg haar mee uit. 'Ik zei nee, ik ga niet uit met mannen die pakken dragen. Hij zei dat hij nog nooit zoiets doms gehoord had.' Dus gingen ze samen iets drinken. 'Ik besloot die man te testen,' zei ze. Ze zaten in een bar in de buurt van de stripclub van de gebroeders Mitchell. 'Dat is een wereldberoemde tietenbar,' vertelde Frailey opgetogen. 'En niet zomaar een tietenbar; die meiden zijn helemaal naakt en doen het met elkaar en alles. Ik ben dol op dat soort tenten. Ik weet niet waarom... Ik val niet op de meisjes, maar die verveelde blik als ze staan te dansen vind ik geweldig. Ze hebben altijd van die hele ordinaire witte pumps met naaldhakken aan en dan staan ze maar wat naar het plafond te staren. Dus ik sleep hem door die hele tent heen. Moet je zien! Ze zijn aan het neuken! Ze doen het met elkaar! Ik vond het om te gillen. De mannen zaten er wel een beetje wanhopig bij. En kwijlen als die meiden voorbijkwamen!' Frailey en haar vriend werden eruit gegooid omdat ze niet van elkaar af konden blijven. 'Onderweg naar huis deden we het in de taxi. Daarna besloot ik dat hij wel oké was. Dus heb ik nog drieëneenhalf jaar iets met hem gehad.'

Frailey omschreef de relatie als 'vrij waardeloos'. Ondanks het wilde begin waren ze geen hartstochtelijk stel. 'Hij is best knap, maar hij was behoorlijk uitgedijd en het laatste jaar hebben we geen seks meer gehad,' zei Frailey. 'Dat is nog zoiets waarvan ik zelf niet weet waarom ik het doe: als ik iemand niet meer echt aantrekkelijk vind, stop ik met seksen.'

We moeten de logica van die opmerking even tot ons door laten dringen: ze weet niet waarom ze geen seks wil met iemand die ze niet echt aantrekkelijk vindt. Voor haar is dat een raadsel in plaats van het antwoord op de vraag. Wat

Frailey hier verwoordt is de opvatting die ten grondslag ligt aan onze cultuur: dat seks iets is wat je altijd automatisch moet pakken als je het pakken kunt, net zoals, laten we zeggen, geld. Hoe meer geld, hoe meer seks, hoe beter, want dit zijn dingen die je najaagt om je status te verhogen, je schat aan ervaring te vergroten. 'Ik wil meer kerfjes op mijn stok,' zoals Annie het uitdrukte. 'Ik wil tot aan de honderd.'

De beschrijvingen die alle drie de vrouwen van hun seksuele ervaringen gaven, klonken in de verste verte niet erotisch. Annie noemde 'dit soort koopseks' 'niet zo erg seksueel' en vond haar avontuurtjes vaak 'matig' en 'waardeloze ervaringen'. Meg zei dat 'het werkte' als ze een man ervan wist te overtuigen dat ze nog nooit van haar leven zo opgewonden was geweest, maar wat had ze daarmee 'gewonnen'? Het twijfelachtige genoegen van 'steriele' seks met iemand die ze 'eigenlijk niet echt' wilde. (Naar de maatstaven van *Hij wil je wel, hij wil je niet* was ze geslaagd, want ze had terecht vastgesteld dat een man in haar geïnteresseerd was. Maar het kwam niet bij haar op dat de ervaring teleurstellend voor haar was omdat zíj hém niet wilde.)

Een bezoek aan een seksclub is al net zo'n 'kerfje' om bij te schrijven op je stok, een ervaring die een inspiratie zou zijn voor een wild seksleven. Maar wat is voor Frailey de grootste aantrekkingskracht van een 'tietenbar'? 'De verveelde blik' waarmee de danseressen op 'van die hele ordinaire witte pumps met naaldhakken' naar het plafond staan te staren. Dat zijn niet de woorden van iemand die seksclubs spannend vindt, maar van iemand die met moeite haar minachting voor de meisjes verbergt. Waarom zou je er genoegen in scheppen om te zien hoe iemand in een compromitterende outfit haar leven versuft? Omdat je vindt dat ze het verdient. Omdat het op een akelige manier bevredigend is om haar onpersoonlijke imitatie van seksuele begeerte gade te slaan en te zien hoe 'wanhopige' mannen daarop reageren. Frailey zei dat ze dat 'om te gillen' vond.

Wat valt er eigenlijk te lachen?

De amusementswaarde moet komen van mensen die hun rol spelen – de 'vrouwen zijn mooi en mannen zijn domkoppen!' in de woorden van Sheila Nevins – maar die rollen zijn meer dan reductionistisch. 'Meisjes zijn zo meisjesachtig,' zei Frailey. 'Nu ben ik net een man!' dacht Annie na een seksuele overwinning. Maar wie is toch die mythologische man op wie we allemaal zo graag willen lijken? Waarom neigen we tot een soort masculiene mystiek, denkend dat je pas avontuurlijk bent als je doet zoals mannen doen en verleidelijkheid het beste is wat we van vrouwen mogen verwachten? Hoe dapper Annie en Meg en Lynn Frailey – drie *vrouwen* – zich ook in het nachtleven storten, nog steeds beoordelen ze dit gedrag als mannelijk.

Erica Jongs beroemde boek *Het ritsloze nummer* liet het Amerikaanse publiek in 1973 kennismaken met het idee dat vrouwen wel eens in konden zijn voor seks zonder consequenties. 'Ik verzon het ritsloze nummer om me tegen mijn jaren vijftig-opvoeding te verzetten,' zei ze. 'Laatst zei ik tegen mijn dochter: "Jouw generatie doet het, mijn generatie praatte er alleen maar over." Mijn dochter en haar vriendinnen zijn nu in de twintig en ze wentelen zich in hun seksualiteit. Ze voelen zich niet schuldig, en waarom zouden ze ook? Mannen hebben zich ook nooit schuldig gevoeld. Ze zijn jong en mooi en bruisen van energie en ze hoeven niet zo nodig een relatie, ze hoeven niet eens per se iemand die de hele nacht blijft!

'Maar ik zou gelukkiger zijn als mijn dochter en haar vriendinnen door het glazen plafond heen braken in plaats van het seksuele plafond,' vervolgde Jong. 'In staat zijn tot een orgasme met een man van wie je niet houdt of *Sex and the City* op tv, dat is geen bevrijding. Als je vrouwen ziet alsof we allemaal Carrie van *Sex and the City* zijn, nou ja, dan heb je wel een probleem: je kiest Carrie niet in de Senaat en je hoeft haar ook niet als directeur van je bedrijf. Laten we ervoor zorgen dat de Senaat voor de helft uit vrouwen bestaat; laten we ervoor zorgen dat vrouwen op posities komen waar ze beslissingen kunnen nemen – dát is macht. Seksuele vrijheid is soms een rookgordijn waardoor je niet meer ziet hoever we juist *niet* gekomen zijn.'

Helaas vrees ik dat de toestand nog ernstiger is. Het personage Carrie had vriendinnen, een baan en naast mannen en seks ook nog een paar andere dingen die haar interesseerden. De vrouwen die in onze cultuur op het moment zo bezeten worden geïmiteerd – naaktdanseressen, pornosterren, pin-ups – *zijn niet eens mensen*. Ze zijn niet meer dan seksuele karakters, erotische poppetjes uit een fantasiewereld. In hun rol, de enige toestand waarin we deze tot fetisj gemaakte vrouwen waarnemen, hebben ze niet eens tekst. Voor zover we weten hebben ze geen ideeën, geen gevoelens, geen politieke overtuiging, geen relaties, geen verleden, geen toekomst, geen *menselijkheid*.

Weten we nu echt niets beters te verzinnen?

In plaats van de doelstellingen van het feminisme of de seksuele revolutie dichterbij te brengen, heeft de opkomst van de bimbocultuur het effect van beide bewegingen teniet gedaan. Hun beelden zijn gepopulariseerd, maar hun idealen zijn vergeten. Zoals Candida Royalle zei: 'We zijn een zwaar geseksualiseerde cultuur geworden, met consumentisme en seks als één kant van dezelfde medaille. Revolutionaire bewegingen worden wel vaker ingelijfd, opgeslokt door de mainstream en tot populaire cultuur gebombardeerd. Dat is natuurlijk een goede manier om ze onschadelijk te maken... je maakt ze aanvaardbaar, je neemt de radicalen de wind uit de zeilen. Zodra dat gebeurt, wordt de echte macht ze uit handen geslagen.'

# Conclusie

Het simplistische, kunstmatige stereotype van vrouwelijke seksualiteit waarvan onze cultuur doortrokken is, bewijst dat we seksueel bevrijd en persoonlijk geëmancipeerd zijn – dit voorstel is ons gedaan en we hebben het geaccepteerd. Maar als we erover nadenken, weten we dat het van geen kanten klopt. Het wordt tijd om te stoppen met opgelaten knikken en lachen terwijl we het ongemakkelijke gevoel in ons binnenste negeren; laten we toegeven dat de keizer geen kleren aan heeft.

Of ze nu veertien zijn of veertig, veel vrouwen lijken vergeten te zijn dat seksuele macht maar één, heel specifieke, vorm van macht is. Bovendien is het imiteren van een paaldanser of een serveerster van Hooters of een Playboy-bunny slechts één, heel specifieke, vorm van seksuele expressie. Is het de vorm die ons – *of mannen* – het meest opwindt? Om daarachter te komen moeten we ophouden dat ene platte script telkens weer na te spelen.

We moeten ons afvragen waarom we zo gefocust zijn op zwijgende meisjesmeisjes die met een string aan lustgevoelens *nabootsen*. Dit is geen teken van vooruitgang, het getuigt van onze nog steeds gebrekkige begrip van de menselijke seksualiteit, met alles wat mogelijk is en het zo ingewikkeld maakt. We zijn nog steeds zo slecht op ons gemak met de ongrijpbaarheid van seks dat we ons met karikaturen van vrouwelijke begeerte moeten omringen om ons veilig een beeld te kunnen vormen van wat 'sexy' is. Eigenlijk is het triest, als je erover nadenkt. Seks is een van de interessantste dingen waar wij als mensen mee kunnen experimenteren, en we hebben het gereduceerd tot polyester ondergoed en implantaten. We doen onszelf ongelooflijk tekort.

Zonder twijfel voelen *sommige* vrouwen zich het lekkerst met een gladgeschoren vagina, gecorrigeerde schaamlippen, vergrote borsten en kleren die veel bloot laten. Ik ben blij voor ze. Ik wens ze vele gelukzalige en soepele rondjes rond de paaldanspaal. Maar er zijn ook heel veel vrouwen (en ja, mannen) die zich beperkt voelen in deze omgeving, die gelukkiger zouden zijn en zich seksueel vrijer zouden voelen – zelfverzekerder, ongeremder en alles wat daarbij hoort – als ze andere vormen van expressie en amusement zouden verkennen.

Dit is geen boek over de seksindustrie; het is een boek over welke betekenis wij aan de seksindustrie hebben gegeven... over hoe we die tegen het licht hebben gehouden, opgepoetst en verdraaid. Hoe we de seksindustrie nodig hebben om onszelf te kunnen karakteriseren als een erotische en ongeremde cultuur, op een moment dat angst en repressie alomtegenwoordig zijn. In 2004 stelde onze tweeënveertigste president, George W. Bush, leider van de vrije wereld, een amendement op de grondwet voor die het homohuwelijk, dat al niet toegestaan wás, voor altijd onmogelijk zou maken.[1] Uit opinieonderzoek bleek dat vijftig procent van de bevolking vond dat Bush groot gelijk had.[2] Als de helft van dit land zich zo bedreigd voelt door mensen die verliefd worden op en seks hebben met mensen van hun eigen geslacht (en overigens volgens de wet niet gediscrimineerd mogen worden) dat ze hun aandacht – in *oorlogstijd* – richten op het afpakken van een recht dat homo's toch al niet hadden, dan zullen alle cardio-stripteaselessen van de wereld ons geen seksuele vrijheid brengen.

Sinds 2005 draagt de overheid financieel niet meer bij aan seksuele voorlichtingsprojecten op openbare scholen, tenzij in die projecten de nadruk ligt op onthouding tot aan het huwelijk. Als gevolg daarvan wordt een verontrustend aantal jonge mensen met strings en Jenna Jameson als enige leidraad de turbulente zee van hun hormonen op gestuurd. Hoe ze tussen de haaien van soa en zwangerschap door laveren, moeten ze zelf maar zien. Onze nationale voorliefde voor porno en paaldansen is niet een bijproduct van een vrije en open samenleving met een aardse houding tegenover seks. Het is een wanhopige gooi naar ontspannen erotiek in een tijd en in een land die leiden aan extreme angst. Waar zijn we bang voor? Voor alles… onder andere voor seksuele vrijheid en échte macht voor vrouwen.

Vrouwenemancipatie en bevrijding zijn woorden die feministen gebruikten als ze het hadden over het afschudden van de beperkingen die vrouwen werden opgelegd en de gelijke behandeling die ze eisten. Wij hebben deze woorden geperverteerd. De vrijheid om seksueel uitdagend of promiscue te zijn is niet genoeg vrijheid; het is niet de enige 'vrouwenkwestie' die aandacht verdient. En zelfs in de seksuele arena zijn we niet vrij. We hebben alleen een nieuwe norm bedacht, een nieuwe rol om te spelen: die van wulpse, rondborstige exhibitioniste. Er zijn andere mogelijkheden. Als we echt seksueel vrij willen worden, moeten we ruimte maken voor een scala aan opties, zo breed als de variatie aan menselijke verlangens. We moeten onszelf de vrijheid gunnen om uit te vinden wat we diep van binnen van seks verwachten, in plaats van na te apen wat de populaire cultuur ons als sexy voorspiegelt. Dát zou pas bevrijdend zijn.

Als we echt geloven dat we sexy en geestig en talentvol en slim zijn, hoeven we ons niet te gedragen als pornosterren of mannen of wie dan ook; dan kunnen we gewoon ons eigen unieke zelf zijn. Dat valt niet mee, maar uiteindelijk is het niet moeilijker dan je als een echte FCP voortdurend in bochten te wringen om jezelf te bewijzen. En belangrijker: de beloning is precies wat Female Chauvinist Pigs zo vurig wensen, wat vrouwen verdienen: vrijheid en macht.

# Nawoord

De eerste die ik zag toen ik voor een lezing aankwam in een boekwinkel in Seattle was Bruce, de broer van mijn partner, een evangelische dominee. Ik nam me voor conservatief Amerika die avond een beetje te ontzien. De volgende was mijn vriendin Erica, naaktdanseres bij de beroemde, door vrouwen uitgebate Lusty Lady Club. Ik besloot nog duidelijker dan anders te zeggen dat ik op zichzelf niets tegen naaktdansen heb (en ook niet tegen porno, overigens), maar wél tegen een cultuur die commerciële uitbuiting van seks gelijkstelt aan seksuele bevrijding. Ten slotte zag ik Lamar Van Dyke. Lamar is een legende in de lesbische wereld, die ik al heel lang een keer wilde ontmoeten om naar haar avonturen met de Van Dykes te vragen, in de jaren zeventig een lesbisch-separatistische groep die monogamie afwees, in bestelbusjes woonde, geen vlees at en alleen het woord tot mannen richtte als ze ober of monteur waren.

Op dat moment besloot ik verder maar geen pogingen te doen het mijn publiek naar de zin te maken.

Ik wil graag geloven dat ik soepel alle klippen omzeilde, maar in werkelijkheid waren zij allemaal erg tolerant en na afloop gingen we met z'n allen een biertje drinken in een enorme sportbar die The Ram heette. Het werd nog een dolle boel.

Die avond was een heel aardige weergave van wat ik in het algemeen het afgelopen jaar met dit boek heb meegemaakt: angst dat mensen het vreselijk zouden vinden en fascinatie als het ze, om wat voor reden dan ook, bleek aan te spreken. En de redenen liepen nogal uiteen.

Ik heb veel brieven gekregen van religieuze mensen, wat ik geweldig vond, want vóór deze correspondentie (en voor mijn eerste ontmoeting met Bruce, die rond dezelfde tijd plaatsvond) had ik nooit eerder contact gehad met echte gelovigen. Ik heb er veel van geleerd. Vaak kwamen deze brieven erop neer dat ik verstandige dingen zei over seks als product, maar de oplossing over het hoofd zag: gebed. We zijn het erover eens dat we het niet eens zijn.

Tot mijn grote vreugde nam een aantal van de iconen van de vrouwenbeweging, over wie ik in hoofdstuk twee schreef, contact met me op. Met Robin Morgan heb ik een glaasje gedronken in haar fantastische tuin. (In New York is elke tuin fantastisch, alleen al omdat hij bestaat, maar die van haar is echt mooi.) Ik ben naar een spetterend Fourth of July-feest bij Susan Brownmiller thuis geweest. Toen ik aan mijn boek werkte en haar smeekte of ik haar mocht interviewen (wat er nooit van gekomen is), vond

Brownmiller me maar een lastpost. Misschien vindt ze dat nog wel, maar die avond hadden we in elk geval het grootste plezier. Ook heb ik opgetreden in een radioprogramma met feministe en seksexpert Susie Bright, over wie ik niet heb geschreven, al heb ik daar nu spijt van.

Verder heb ik contact gehad met een heleboel jongere vrouwen die mijn boek gelezen hadden. De webmaster van oneangrygirl.com stuurde me een prachtige sticker van de *mudflap girl* die het SCUM Manifesto (Society for Cutting Up Men Manifesto) leest. De eenentwintigjarige Jessie Wienhold uit Toronto in Canada zegt: 'Na het lezen van je boek heb ik besloten mijn borsten niet te laten vergroten, zoals ik al vanaf mijn zeventiende van plan was.' Jane, een naaktdanseres uit Sydney in Australië e-mailde me: 'Ik dwing mijn vriend het te lezen.' En de tweeëntwintigjarige Jennifer Gruselle stuurde me de brief die ik uiteindelijk de mooiste vond.

Jennifer, opgegroeid in een slaapstad in Wisconsin, 'dacht nooit na over feminisme of vrouwenrechten, want dat was nooit nodig.' Ze was altijd gewaardeerd om haar talenten en had eerlijke kansen gekregen. Dat veranderde toen ze na de middelbare school in het leger ging. 'Ik vond het leger een fysieke uitdaging, maar dat was niet het probleem,' schreef ze me. 'De fysieke belasting was niets vergeleken bij de mentale afbraak die zich geleidelijk voltrok. En dan heb ik het niet over strenge instructeurs... de opleiding vond ik eigenlijk een eitje. Pas toen ik het echte leger in ging, de echte wereld, merkte ik wat een enorme invloed het etiket "vrouw" op mijn leven had.'

Jennifer werd aan het begin van de oorlog in Irak als hospik naar Bagdad gestuurd. 'Het eerste half jaar zat ik bij een batterij veldartillerie die uit alleen maar mannen bestond, daarna werd ik overgeplaatst naar een pantserdivisie met alleen maar mannen. Ja, zestien maanden lang zat ik als enige vrouw tussen bijna vijfhonderd mannen. Je zult niet geloven wat voor reacties dit opriep. Op mijn eerste dag werd ik gewoon weggestuurd. Hoewel ik precies dezelfde opleiding had gehad als mijn mannelijke collega's geloofden ze om een of andere reden niet dat ik het werk aankon.'

Toen het haar medesoldaten duidelijk werd dat het Jennifer was of géén hospik, 'namen ze me met tegenzin terug. Na een paar voorzichtige weken stelden ze zich uiteindelijk een stuk vriendelijker op. Ik wilde graag geloven dat dit kwam doordat ik keer op keer bewees wat ik waard was en in allerlei hachelijke situaties deed wat ik moest doen. Ik vond mezelf niet bijzonder omdat ik een vrouw was. Ik hoefde geen speciale behandeling of bescherming van wie dan ook. Ik droeg mijn eigen wapen, dat ik samen met mijn mannelijke collega's had leren bedienen. Maar algauw besefte ik dat ik die vriendelijkheid van mijn kameraden niet alleen maar aan mijn professionaliteit te danken had. Eigenlijk waren ze gewoon benieuwd hoe ik eruitzag zonder uniform aan. In een bikini misschien. Ik weet nog dat ik er misselijk van werd als sterren als Jessica Simpson naar Irak kwamen om al die mannen te vertellen, in bikini, wat een dappere helden ze waren.'

Bij terugkeer in de Verenigde Staten merkte Jennifer dat daar dezelfde wetten golden. 'Ik voelde me geen soldaat, ik voelde me een lachertje. Toen we terugkwamen, moesten we natuurlijk naar elke seksclub in de wijde omgeving,' zei Jennifer. 'Wat ik wil zeggen, is dat ik de afgelopen jaren ontzettend vaak aan mezelf heb getwijfeld. Misschien ben ik gewoon een preutse tut, dacht ik dan. Maar ik raakte het gevoel maar niet kwijt dat er iets helemaal mis was met dit plaatje. Ik houd van mannen, ik houd van seks, ik houd van mezelf. Maar als ik langs een seksclub rijd en lees "Wij hebben bier en wij hebben meiden", dan word ik elke keer weer woest. Ik word nog woester als de mannen – en vrouwen – met wie ik mijn leven deel naar binnen willen om mee te doen. Dankzij jouw boek zal ik nooit meer aan mezelf twijfelen.'

Natuurlijk was niet iedereen zo blij met mijn boek, of met mij. Eén misnoegde recensent omschreef mij als 'vrijgezel en kinderloos.' (Samenlevend en kinderachtig was een meer accurate omschrijving geweest.) Toen ik in Boston voorlas stond er een man in het publiek een kwartier lang tegen me te schreeuwen, wat ik eigenlijk best spannend vond, tot de eigenaar van de boekwinkel tegen me zei: 'Verbeeld je maar niets, dat doet hij bij iedereen.' Verder waren er de vrouwen van CAKE, die in een bespreking op mijn Amazon-pagina beweerden dat ik 'Roe versus Wade' terug wilde draaien en alle vrouwen het liefst in burka zag. Ik vond hun weergave van mijn 'pure conservatisme' behoorlijk creatief, gezien mijn expliciete pleidooi voor het recht op abortus, de legalisering van het homohuwelijk en een alomvattende seksuele voorlichting op scholen, niet alleen in dit boek, maar bij elke gelegenheid die ik krijg. We zijn het niet eens, al weten zij kennelijk niet waarover. Maar debat is altijd goed. Bovendien verraste het me niet echt – als je seks politiek maakt, worden er nu eenmaal mensen boos op je.

Wat me wél verrast heeft, is het aantal brieven dat ik

van één groep in het bijzonder kreeg, namelijk mannen. Ze schreven me omdat ze over hun kleindochters wilden vertellen, of over hun vriendinnen, of omdat ze iets te zeggen hadden over vrouwen in het algemeen. Wanneer mensen mij vragen stelden over mannen en de bimbocultuur, zei ik in het begin altijd dat ik een boek over vrouwen had geschreven en dat ik me niet gerechtigd voelde antwoord te geven. Maar inmiddels heb ik van mannen zoveel brieven gekregen die bevestigen wat ik al dacht, namelijk dat het terugbrengen van seks tot een commerciële formule voor hen niet beter is dan voor ons, dat ik het wel hardop durf te zeggen.

De mannen van wie ik het meest geleerd heb zijn Ted Nordhaus en Michael Shellenberger, die onderzoek doen naar sociale waarden voor Environics, een vooraanstaand Canadees marktonderzoeksbureau. Sinds 1992 stellen ze een groep van 2500 mensen vragen als: 'Eens of oneens: mannen zijn van nature superieur.' Het percentage Amerikanen dat het met die stelling eens is, neemt gestaag toe: tussen 1992 en 2004 steeg het van 42 naar 52 procent. Het percentage dat het eens is met de stelling 'vader van het gezin moet de baas in zijn eigen huis zijn' is in diezelfde periode gestegen van 30 naar 40 procent.

Wat ze willen meten zijn de 'kernwaarden' van individuele mensen, dat wil zeggen: zijn of haar diepste overtuigingen en ideeën, in tegenstelling tot voorbijgaande meningen. Anders dan traditionele opiniepeilers is Environics dus niet geïnteresseerd in het antwoord op vragen als 'hoe goed doet de president het volgens u op economisch gebied?' Het antwoord op die vraag kan in de maand dat iemand geld van de belasting terugkrijgt namelijk heel anders uitvallen dan bijvoorbeeld drie maanden later, wanneer hij ontslagen wordt. Iemands antwoord op een dergelijke vraag weerspiegelt alleen een 'tijdelijke waarde', zoals Nordhaus het noemt, en geen rotsvast geloof. Maar hoewel sociale waarden niet van maand tot maand veranderen, verschuiven ze in de loop van de tijd wel geleidelijk en voor de groep als geheel, want jongere generaties worden volwassen en samenlevingen reageren op grote sociale veranderingen – op zaken als de opkomst van de vrouwenbeweging met haar enorme impact op de rol die vrouwen spelen in het beroepsleven, de politiek en persoonlijke verhoudingen. Op de volgende bladzijde staat een grafiek die Environics' bevindingen over de geleidelijke verschuiving van de Amerikaanse waarden in ruwweg de afgelopen tien jaar weergeeft. Ze noemen dit hun Kaart van Sociale Waarden.

Voor een beter begrip van de ideeën die op de kaart worden weergegeven, moeten we naar de tweede grafiek kijken.

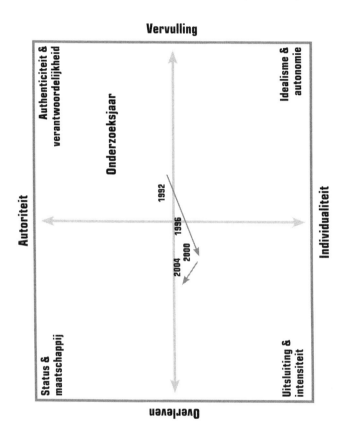

Let op de verschuiving richting het kwadrant 'Uitsluiting en intensiteit'. Binnen dat kwadrant vinden we sociale waarden als seksisme, racisme, meer macht voor bedrijven, meer macht voor de media, xenofobie, acceptatie van geweld (gedeeltelijk gemeten aan de hand van reacties op de stelling 'Om te bereiken wat je wilt mag je lichamelijk geweld gebruiken. Het belangrijkste is dat je je doel bereikt.'), ostentatief consumentisme, risicovol gedrag en vrije seksuele moraal – waarden die ook tot uitdrukking komen in de bimbocultuur. Dit zijn gegevens, geen diskwalificaties: de reacties tonen niet aan dat iemand die veel wisselende seksuele contacten heeft automatisch of noodzakelijkerwijs ook een witte racist is die in een SUV rijdt en kickboksen als hobby heeft. Wat ze laten zien is dat bepaalde waarden met elkaar samenhangen en andere elkaar juist uitsluiten, en dat die combinaties niet altijd zijn wat je zou verwachten.

Het toenemende racisme bijvoorbeeld, gaat samen met een groeiende acceptatie van de multiculturele samenleving. Ik vind dit niet zo gek: verandering gaat vaak samen met angst en angst – angst voor het verlies van macht of angst voor provocatie van mensen met macht – is wat mensen aanzet tot racisme, seksisme, homofobie en een heleboel andere nare dingen. Critici van het onderzoek van Environics wijzen op (schijnbaar tegengestelde) uitkomsten van onderzoek dat de groeiende acceptatie van vrouwen op de arbeidsmarkt aantoont, maar het is heel goed mogelijk om vooruitgang te herkennen en toe te juichen en er tegelijk toch onzeker van te worden. Je kunt jezelf bijvoorbeeld zien als een slimme, professionele vrouw die recht heeft op promotie en een salarisverhoging en tegelijk behoefte voelen om jezelf en anderen te bewijzen dat je kunt beantwoorden aan een seksueel stereotype, of je daar nu opgewonden van raakt of niet. Om zich staande te houden doen mensen dingen die niet noodzakelijkerwijs de dingen zijn die hen het meest zouden bevredigen, zoals we in deze grafiek duidelijk kunnen zien: een verschuiving van 'vervulling' naar 'overleven'.

Amerikanen keren zich in gelijke mate af van traditionele waarden als verantwoordelijkheid en goed burgerschap en progressieve waarden als seksegelijkheid en persoonlijke ontplooiing. 'De waarden die in Amerika het sterkst in opkomst zijn – zeker onder de jeugd – zijn de waarden van de politiek ongeïnteresseerde,' zoals Michael Adams, de oprichter van Environics schreef in zijn in 2005 verschenen boek *American Backlash*. 'Wat zijn die waarden? Uit onze gegevens blijkt dat de waarden die van 1992 tot 2004 het meest aan kracht hebben gewonnen in drie categorieën vallen: risico's nemen en spanning zoeken, darwinisme en uitsluiting, en consumentisme en statusverhoging.' Jezelf laten zien voor *Girls Gone Wild* kan beschouwd worden als een risico nemen, spanning zoeken. De concurrentie tussen meiden op de middelbare school die met behulp van strings en Swiffer-zwabbers nieuwe manieren zoeken om de aandacht van jongens te trekken, is een soort darwinisme: alleen de hoerigste overleeft. En het vrouwelijke najagen van seksuele overwinningen en het kopen van grote borsten is een opzichtig consumeren teneinde het ultieme doel te bereiken: de status van sekssymbool.

Dit zijn niet de progressieve waarden waarmee ik ben opgevoed, en ook niet de traditionele waarden die iemand als Bruce uitdraagt in zijn kerk. Ik denk – ik hoop – dat wat mensen heeft aangesproken in het boek dat je nu in je handen houdt, is dat het pleit voor iets wat in dit land in ongenade is gevallen maar heel hard nodig is: idealisme.

# Noten

## Inleiding

1    Frank Rich, 'Finally, Porn Does Prime Time', *New York Times*, 27 juli 2003

2    Jennifer Harper, 'Buy Playboy for the Articles – Really', *Washington Times*, 3 oktober 2002

## Een. De bimbocultuur

Een eerdere versie van het stuk over Girls Gone Wild in dit hoofdstuk verscheen voor het eerst als bericht uit Miami op www.slate.com op 22, 23 en 24 maart 2004

1    www.girlsgonewild.com

2    Susan Brownmiller, *In Our Time: Memoir of a Revolution*, Delta, New York 1999

3    *60 Minutes Wednesday*, CBS, 5 januari 2005

4    Ik interviewde Jeff Costa nadat ik op 19 maart 2003 in

een sportschool in Los Angeles had meegedaan aan een les cardio-striptease.

5    Seizoen 2004 van *The Bachelor*

6    *Larry King Live*, CNN, 1 mei 2004

7    American Society of Plastic Surgeons, www.plasticsurgery.org/public_education/Statistical-Trends.cfm

8    Alex Kuczynski, 'A Lovelier You, with Off-the-Shelf Parts', *New York Times*, 2 mei 2004

9    Simon Doonan, 'Simon Says', *New York Observer*, 22 september 2003

10   Alex Kuczynski, 'The Sex-Worker Literati', *New York Times*, 4 november 2001

11   Libby Copeland, 'Naughty Takes Off', *Washington Post*, 30 november 2003

12   Jim Holt, 'A States' Right Left?' *New York Times Magazine*, 21 november 2004

13   Andrew Ward, 'South Finds Families That Pray Together May Not Stay Together: Lawmakers Count the Cost of Embarrassingly High Divorce Rates', *Financial Times*, 24 januari 2005

14   Vanessa Grigoriadis, 'Princess Paris', *Rolling Stone*, 19 november 2003

15   Seymour M. Hersch, 'Escape and Evasion', *The New Yorker*, 10 februari 2002

16   Kirk Johnson, *New York Times*, 10 februari 2002

17   'Driven: Christina Aguilera', VH1, 6 augustus 2002

18   Leno, die al jarenlang de best bekeken talkshow op de late avond maakt, heeft aangekondigd *The Tonight Show* in 2009 over te zullen dragen aan Conan O'Brien.

19   Michael Starr, 'Matt Gets $5M Less Than Katie', *New York Post*, 2 mei 2002

20 Op 8 en 9 mei 2003 heb ik op het kantoor van Playboy in Chicago Christie Hefner, Linda Havard en Cleo Wilson elk ongeveer een uur gesproken

21 Jenna Jameson, *How To Make Love Like a Porn Star: A Cautionary Tale*, ReganBooks, New York 2004

22 Ron Moreau en Michael Hirsch, 'Poor Little Rich Kid', *Newsweek*, 17 augustus 1998

23 'Centerfold Babylon', VH1, 12 oktober 2003

24 ibid.

## Twee. De toekomst die maar niet kwam

1 Mary Cantwell, 'The American Woman', *Mademoiselle*, juni 1976

2 Susan Brownmiller, *Tegen haar wil: mannen, vrouwen en verkrachting*, Anthos, 1989

3 Susan Brownmiller, *Vrouwelijkheid*, Anthos/In den Toren, 1985

4 Susan Brownmiller, 'Sisterhood Is Powerful: A Member of the Women's Liberation Movement Explains What It's All About', *New York Times Magazine*, 15 maart 1970

5 Todd Gitlin, *The Sixties: Years of Hope, Days of Rage*, Bantam, 1987

6 De beruchte uitspraak van Stokely Carmichael heb ik in verschillende variaties geciteerd horen worden. De formulering die ik hier aanhaal is de meest voorkomende, geciteerd door zowel Gitlin in *The Sixties* als Brownmiller in *In Our Time*.

7 Brownmiller, 'Sisterhood is Powerful'

8 Telefonische interviews met Susan Brownmiller, januari 2001 en januari 2004, en verschillende e-mails

9    Ayers werd geciteerd in *The Weather Underground*, de opmerkelijke film van Sam Green en Bill Siegel (Docurama, 2003), waarvoor de documentairemakers iedereen interviewden van Don Strickland, de FBI-agent die de Weathermen in de gaten hield, tot Kathleen Cleaver, voormalig lid van de Zwarte Panters en vrouw van Panter Eldridge Cleaver.

10   Telefonisch interview met Dolores Alexander, 1 december 2003

11   Telefonisch interview met Jill Ward, 13 december 2003

12   Shere Hite, *Het Hite rapport: een studie over de seksualiteit van vrouwen*, Arbeiderspers, 1979

13   Oriana Fallaci, 'I Am in the Center of The World', *Look*, 10 januari 1967

14   Wil S. Hylton, 'What I've Learned', *Esquire*, juni 2002

15   Lisa Eisner en Roman Alonso, 'An Eye for the Ladies', *New York Times Magazine*, 30 maart 2003

16   Fallaci, 'I Am in the Center of the World'

17   Hugh M. Hefner, 'Inleiding', *Playboy*, december 1953

18   Hylton, 'What I've Learned'

19   *Inside Deep Throat* (film), Fenton Bailey en Randy Barbato, Universal, 2005

20   Michael Moorcock, 'Fighting Talk', *New Statesman & Society*, 21 april 1995

21   Interview met Candida Royalle, New York City, 1 december 2003

22   Andrea Dworkin, *Paren*, Anthos, 1989

23   Andrea Dworkin, 'Dear Bill and Hillary', *The Guardian*, 29 januari 1998

24   www.cakenyc.com/indexnav.html vanaf 23 maart 2005

25   *20/20*, ABC, 20 februari 2004

26 Ze schrijven bijvoorbeeld: '... gaan we verder met een aflevering [uit 2004] van *Sex and the City*, waarin vrouwen getrakteerd worden op een ongezond soort "boontje komt om zijn loontje". Samantha krijgt (van een mannelijke arts) te horen dat haar borstkanker iets te maken zou kunnen hebben met het feit dat ze nooit kinderen heeft gekregen, waarmee hij een eeuwenoud idee in herinnering roept, namelijk dat seksueel actief zijn zonder de bedoeling je voort te planten slecht is voor de gezondheid. Helaas is dat ook meteen het einde van het verhaal en wordt op geen enkele manier uitgelegd of en waarom vrouwen die geen kinderen hebben gebaard een grotere kans op borstkanker hebben. Bovendien ontaardde een uitgelezen kans om iets positiefs te zeggen over vrouwen en hun seksuele keuzen zo al snel in een reactionaire boodschap.'

Ik vind de dames hier wel heel erg fantasieloos. Deze aflevering draaide nu juist om het gegeven dat het een schokkende, destabiliserende ervaring is om de diagnose borstkanker te krijgen, dus stormt het personage Samantha, voor haar arts ook maar iets heeft kunnen uitleggen of wat dan ook heeft mogen zeggen over vrouwen en hun seksuele keuzen, de spreekkamer uit met de woorden: 'Je boft dat je aan mijn borsten hebt mogen zitten!'

27 John Lehmann, 'Inside the Freak Box', *New York Post*, 12 juni 2001

28 CAKE *Underground*, 3 oktober 2003

29 Jennifer Baumgardner en Amy Richards, *Manifesta: Young Women, Feminism, and the Future*, Farrar, Straus and Giroux, 2000

30    Ik interviewde Erica Jong aan de telefoon op 15 februari
      2002, en we spraken elkaar nog een keer persoonlijk op 4
      november 2003, na een bijeenkomst in New York ter ere
      van de dertigste verjaardag van *Het ritsloze nummer.*
31    11 juni 2003
32    Virginia Vitzthum, 'Stripped of Our Senses', *Elle*, de-
      cember 2003
33    Telefonisch interview met Jacqui Ceballos, januari
      2004

## Drie. Female Chauvinist Pigs

Delen van dit hoofdstuk, waaronder mijn interviews met Sher-
ry, Anyssa en Rachel en mijn bezoek aan de set van *The Man
Show*, zijn oorspronkelijk verschenen in het artikel 'Female
Chauvisnist Pigs', *New York*, 22 januari 2001.

1    De brunch die de New York Women in Film & Televi-
     sion voor Sheila Nevins organiseerde, vond plaats op 31
     mei 2000, in The Society of Illustrators in New York.
2    Nell Casey, 'The 25 Smartest Women in America', *Mi-
     rabella*, september 1999
3    'New York's 100 Most Influential Women in Business',
     *Crain's New York Business*, 27 september-3 oktober
     1999
4    Deze informatie komt van dr. Martha M. Lauzen,
     hoogleraar aan de School of Communications van de
     San Diego State University, die jaarlijks onderzoek doet
     naar de stand van zaken in de film- en televisiewereld.
5    Nancy Milford, *Savage Beauty: The Life of Edna St.
     Vincent Millay,* Random House, 2001
6    Carl Rollyson en Lisa Paddock, *Susan Sontag: The Ma-
     king of an Icon*, Norton, 2000

7    Judith Newman, 'The Devil and Miss Regan', *Vanity Fair*, januari 2005

8    Ik sprak de Eisenbergs op 8 oktober 2001 in het appartement van hun ouders in New York.

9    Carrie Gerlach e-mailde op 30 januari 2001 een brief naar de hoofdredacteur van *New York Magazine*, als reactie op mijn artikel 'Female Chauvinist Pigs'.

10   J. C. Furnas, *Goodbye to Uncle Tom*, William Sloane Associates, 1956

11   Harriet Beecher Stowe, *De hut van oom Tom,* Van Goor, 2006

12   'Everybody's Protest Novel', *Partisan Review*, 16 juni 1949

13   Mary C. Henderson en Joseph Papp, *Theater in America*, Abrams 1986

14   Camille Paglia, *Het seksuele masker: kunst, seksualiteit en decadentie in de westerse beschaving*, Prometheus, 1992

15   Camille Paglia, *Seks, kunst en Amerikaanse cultuur*, Prometheus, 1992

16   Mary Wells Lawrence, *A Big Life (in Advertising)*, Knopf, 2002

17   Steinem deed deze uitspraak op het lokale televisienieuws in Dallas, Texas. Wells Lawrence nam haar reactie op in haar autobiografie (ibid.).

**Vier. Womyn en bois**

Delen van dit hoofdstuk zijn eerder verschenen in het artikel 'Where the Bois Are', *New York*, 12 januari 2004.

1    De kreet 'Een vrouw zonder man is als een vis zonder fiets', die in de jaren zeventig op bumperstickers,

T-shirts en buttons verscheen, wordt meestal toege-schreven aan Gloria Steinem. In werkelijkheid werd hij in 1970 gemunt door Irina Dunn, een Australische po-litica en journaliste die het zo formuleerde: 'Een vrouw heeft een man nodig zoals een vis een fiets nodig heeft', een variatie op 'De mens heeft God nodig zoals een vis een fiets nodig heeft'.

2 Volgens Susan Brownmillers verslag in *In Our Time* de-den de Radicalesbians op het 'Tweede Congres voor de Vereniging van Vrouwen', dat in maart 1970 in Man-hattan werd gehouden, het licht uit. Toen het licht weer aanging, stonden leden van de groep op het podium in T-shirts met *het paarse gevaar* erop en hingen er aan de muren posters met de leuzen *lesbienne aan tafel* en *we zijn allemaal lesbisch.*

3 Ginny Berson en Charlotte Bunch, *The Furies*, januari 1972

4 Interview met Lissa Doty in de Lexington Club, San Francisco, 19 september 2003

5 Interview met Sienna, Brooklyn, New York, 8 septem-ber 2003

6 Telefonisch interview met Deb Schwartz, 10 oktober 2003

7 Interview met Julien Rosskam, Brooklyn, New York, 10 september 2003

8 Email van Ian, verstuurd op 4 augustus 2003. Ons ge-sprek in Brooklyn, New York, vond plaats op 23 augus-tus 2003.

9 Ik interviewde Sarah op 24 augustus 2003, in mijn ap-partement in New York.

10 Ik interviewde Diana en haar vriendinnen in de Lexing-

ton Club in San Francisco, op 18 september 2003. Op 19 september 2003 ging ik met Gibson naar Club Galia.

## Vijf. Varkentjes in opleiding

1  Emma Stickgold, 'Sexual Indicent Reported on Silver Lake School Bus', *Boston Globe*, 26 maart 2004

2  Laura Sessions Stepp, 'Parents Are Alarmed by an Unsettling New Fad in Middle Schools: Oral Sex', *Washington Post*, 8 juli 1999

3  *The Oprah Winfrey Show*, Harpo Productions inc., 25 maart 2004

4  Daphne Merkin, 'The Paris Hilton Effect', *New York*, 10 mei 2004

5  In juni 2004 sprak ik met leerlingen van de New Yorkse scholen Trinity, Fieldston, Horace Mann en Saint Ann's. Voor alle ondervraagden jonger dan achttien jaar heb ik een schuilnaam gebruikt.

6  Laura Sessions Stepp, 'Playboy's Bunny Hops Into Teens' Closets: Sexist Symbol of '60s Now a Hot Seller', *Washington Post*, 17 juni 2003

7  Interview met David in de Royal Ground Coffee House & Art Gallery, Oakland, Californië, 1 september 2004

8  Interview met Anne in Jamba Juice, Oakland, Californië, 6 september 2004

9  Interview met Robin, Berkeley, Californië, 7 september 2004

10  Deborah L. Tolman, *Dilemmas of Desire: Teenage Girls Talk About Sexuality*, Harvard University Press, 2002

11  Onderzoek van de Henry J. Kaiser Family Foundation, 'Sex Education in America: A View from Inside the Nation's Classrooms'

12    Volgens de Youth Risk Behavior Survey van de CDC's van 2001 heeft 60,5 procent van de schoolverlaters seks gehad.
13    Sexual Information and Education Clearinghouse of the United States
14    Teenagers' Sexual and Reproductive Health: Developed Countries, www.agi-usa.org/pubs/fb_teens.html
15    2003 National Survey of Adolescents and Young Adults: Sexual Health Knowledge, Attitudes and Experiences, Henry J. Kaiser Family Foundation, www.kff.org/youthhivstds/3218-index.cfm
16    'Harper's Index', *Harper's*, april 2005

## Zes. Koopseks

1    Ann Coulter, herdrukt in *How to Talk to a Liberal (If You Must)*, Crown Forum, 2004
2    'I Heart NY', *Sex and the City*, seizoen 4, aflevering 66
3    'A Woman's Right to Shoes', seizoen 6, aflevering 83
4    'Politically Erect', seizoen 3, aflevering 32
5    'Attack of the Five Foot Ten Woman', seizoen 3, aflevering 33
6    *The Oprah Winfrey Show*, Harpo Productions inc., 22 september 2004
7    'Sex and What Women Want Now', 92nd Street YMHA, New York, 17 juni 2003
8    Pearlstein rondde af naar boven: het Center for the Advancement of Women liet voor hun rapport 'Progress and Perils: How Gender Issues Unite and Divide Women', dat in 2001 verscheen, door Princeton Survey Research Associates inc. 2329 vrouwen ondervragen.

9    Timothy Greenfield-Sanders, *Thinking XXX*, HBO Films, 2004

10   Joshua Kurlantzick, 'Strip Club's Cover Charge Is Voter Registration Card', *New York Times*, 5 oktober 2004

11   Abigail Zuger, 'Many Prostitutes Suffer Combat Disorder, Study Finds', *New York Times*, 18 augustus 1998

12   Melissa Farley, *Prostitution, Trafficking, and Traumatic Stress*, Haworth Maltreatment & Trauma Press, 2003

13   Interview met Annie bij haar thuis in Massachusetts, 4 augustus 2004

14   Interview met Meg in het Standard Hotel, Los Angeles, 16 februari 2002

15   Interview met Lynn Frailey, Miami, 11 april 2003

## Conclusie

1    Het huwelijkscontract dat homo's in Massachusetts kunnen afsluiten telt niet echt mee, want het regelt geen belangrijke zaken als sociale zekerheid, ouderschapsrechten of erfrecht, die we als de kern van het huwelijksinstituut beschouwen.

2    Volgens peilingen van het onderzoeksbureau Gallup, waarin mensen werd gevraagd 'Bent u voor of tegen een amendement waarin het huwelijk wordt gedefinieerd als iets tussen man en vrouw, en dus wordt bepaald dat huwelijken tussen homo's en lesbiennes onmogelijk zijn?' antwoordde in juli 2003 50 procent, in februari 2004 53 procent en in maart 2004 50 procent 'voor'. Tijdens de verkiezingen van 2004 werden referenda tegen het homohuwelijk in elf staten met een overweldigende meerderheid aangenomen.

# Dankbetuiging

In de eerste plaats bedank ik Dan Conaway, omdat hij dit boek mogelijk heeft gemaakt.

Ook bedank ik mijn getalenteerde redacteur Liz Stein voor haar geloof in dit boek, mijn agent Lane Zachary voor zijn geloof in mij en mijn feitenchecker Yael Kohen voor haar geloof in noeste vlijt. Nicole Kalian en Dominick Anfuso van Free Press bedank ik voor het cadeau dat hun enthousiasme voor mij was.

John Homans is al acht jaar lang mijn vriend en redacteur bij *New York Magazine*. Samen werkten we aan het artikel 'Female Chauvinist Pigs', waarop dit boek gebaseerd is. Hij en Adam Moss, onze hoofdredacteur, hadden veel geduld en begrip als ik af en toe verdween om aan dit boek te schrijven. Mijn samenwerking met hen is enorm bevredigend en meestal één groot feest.

Amanda Fortini en Susan Dominus deelden hun inzichten met mij en hielpen mij om dingen in een nieuw licht te bezien. Mijn voormalige professoren Joel Pfister, Richard Slotkin en Khachig Toloyan waren zo vriendelijk me bij de hand te nemen voor de research en het schrijfwerk voor het gedeelte over oom Tom. Ook de volgende mensen ben ik uitermate dankbaar voor hun gunsten, ideeën en bemoedigende woorden gedurende het hele proces: Jesse Blockton, Kristina Dechter, Michael Goff, Isabel Gonzalez, Dee Dee Gordon, Vanessa Grigoriadis, Matt Hyams, Meredith Kahn, David Klagsbrun, Erika Malm, Graig Marks, Caroline Miller, Emily Nussbaum, Maer Roshan, René Steinke, Ahna Tessler, Jennie Thompson, Jennifer Wachtell en Elisa Sonana. Mijn speciale dank gaat uit naar Emma Jemima Jacobson-Sive voor (tot nu toe) tien jaar vriendschap en inspiratie, en naar M., wiens talent als schrijver en redacteur alleen wordt overtroffen door zijn talent als koppelaar.

Ten slotte bedank ik Amy Norquist, voor alles.